ZHONGGUO CHUKOU
SHUANGCHONG JIJU YANJIU

本书获得教育部人文社会科学青年基金项目"中国出口双重集聚的测度、形成机制及效应研究"(13YJC790044)的资助

中国出口
双重集聚研究

胡 翠 许召元 /著

图书在版编目(CIP)数据

中国出口双重集聚研究/胡翠,许召元著. —北京:北京大学出版社,2016.4

ISBN 978-7-301-27001-1

Ⅰ.①中… Ⅱ.①胡…②许… Ⅲ.①出口贸易—研究—中国 Ⅳ.①F752.62

中国版本图书馆CIP数据核字(2016)第049820号

书　　名	中国出口双重集聚研究
著作责任者	胡　翠　许召元　著
责任编辑	旷书文
标准书号	ISBN 978-7-301-27001-1
出版发行	北京大学出版社
地　　址	北京市海淀区成府路205号　100871
网　　址	http://www.pup.cn　新浪微博:@北京大学出版社
电子信箱	zpup@pup.cn
电　　话	邮购部 62752015　发行部 62750672　编辑部 021-62071997
印刷者	北京大学印刷厂
经销者	新华书店
	730毫米×980毫米　16开本　12印张　172千字
	2016年4月第1版　2016年4月第1次印刷
定　　价	45.00元

未经许可,不得以任何方式复制或抄袭本书之部分或全部内容。
版权所有,侵权必究
举报电话:010-62752024　电子信箱:fd@pup.pku.edu.cn
图书如有印装质量问题,请与出版部联系,电话:010-62756370

摘　要

自2001年加入WTO以来,中国对外贸易取得了令人瞩目的成绩,截至全球金融危机前夕,出口年均增长速度超过20%,到2010年已经跃升为世界最大的商品出口国。在对外贸易高速发展过程中,中国出口呈现出了国内集聚与目的地集聚的显著特征：一方面,出口主要集中在少数几个省市。根据宏观统计数据,2001年以来,出口的前5大省市基本保持不变,分别是广东、江苏、上海、浙江和山东。这五大省市的出口在中国总出口中所占比重在2001年为73.2%,而2009年更是高达77.9%。另一方面,中国出口市场主要集中在少数几个国家。新中国成立以来,出于政治方面的原因,中国的贸易伙伴主要是前苏联和东欧等国家。随着与西方发达国家之间的关系缓和,以及加工贸易的发展,中国出口目的地逐渐转向发达国家(或地区)。为了避免出口市场过于集中带来的风险,2000年左右,中国开始执行"市场多样化战略"。尽管该战略取得了一定的成效,但中国出口目的地集聚的特征并未发生显著变化。2001年,在200多个贸易伙伴中,前十大出口目的市场占到了中国总出口额的74.0%。尽管该比重在随后的年份有所下降,但在2011年仍然高达59.5%。既然出口在国内存在集聚的趋势,在目的地也呈现集聚的特征,那么出口在国内集聚的地区是否在出口目的地的集聚程度也较其他地区高？出口为什么会在国内出现集聚？除了政策因素外,是否还有其他经济因素的原因？中国出口目的地集聚的原因何在？出口在国内集聚与目的地集聚之间是否有何联系？

对上述问题的思考构成了本书的研究动机。通过深入的数据分析,本书提出"出口双重集聚"的概念,将其定义为出口既在国内集聚又在目的地集中的现象。在整合区位理论和新新贸易理论相关研究的基础上,以中国从事对外贸易的企业为主要研究对象,综合运用理论和实证的分析方法,深入考察出口国内集聚、出口目的地集聚和出口双重集聚形成的原因,并进一步通过探讨出口目的地特征对企业技术升级的影响提出出口目的市场的调整方向,以期为优化中国对外贸易结构、促进区域均衡发展提供理论依据和政策参考。

本书首先基于中国工业企业调查数据、中国工业企业普查数据、中国海关数据和投入产出表,创造性地利用已有研究中衡量集聚的指标,对近些年来中国出口的国内集聚、目的地集聚和双重集聚情况进行了细致的经验性描述。其次,根据理论研究和计量分析相结合的方法对中国出口在国内集聚和目的地集聚的形成机制、以及出口国内集聚和目的地集聚相互作用导致双重集聚出现的内在机理进行了深入探讨,研究的主要结论如下:

第一,中国出口不仅存在国内集聚、目的地集聚,还呈现双重集聚的特征。利用衡量集聚程度的集中率指标,结合中国省市出口的数据和WITS数据的研究结果表明,2001~2012年期间,在中国32个省市中,前5大省市在中国总出口中所占比重平均达到了75.39%,表现出较高的国内集聚程度。在200多个贸易伙伴中,前10大出口目的地所占比重平均为66.14%,表现出较高的出口目的地集聚。中国海关数据库的分析结果表明,2000~2006年期间,中国出口前五大省市的前十大出口目的地在这五大省市总出口中占比的平均值为72.04%,从而中国出口也呈现出双重集聚的特征。分贸易方式、所有制和行业来看,加工贸易、一般贸易、国有企业、私营企业、外资企业和各行业的出口也都呈现出较高的国内集聚、目的地集聚和双重集聚的特征。

第二,集聚提高了生产率,从而有利于企业出口,使得出口在国内集聚,即集聚的外部性导致了出口的国内集聚。新新贸易理论表明,由于出口之前需要支付一笔不可收回的固定成本,所以只有生产率超过某个临界点时才能出口。利用中国工业企业调查数据和工业企业普查数据,分别基于EG指数、企业数量和企业平均规模构建两套衡量集聚的指标,利用直接估计和间接估计两种方法的研究结果发现,不管是本行业集聚,还是上、下游行业集聚,都对生产率有显著为正的影响,从而出口国内集聚可以归因于集聚的外部性。此外通过在模型中加入集聚与企业规模的交互项,本书发现上、下游行业集聚对规模较小企业生产率的影响更大。利用企业数量和企业平均规模构建集聚指标的估计结果发现,大量小企业集聚对生产率的影响低于少数大企业集聚的影响。

第三,出口到特定目的地的企业越多,该地区其他企业也越倾向于出口到该目的地,即出口溢出效应导致出口目的地集聚和双重集聚。利用2000~2005年匹配的中国工业企业数据库和海关数据库,以企业数量为基础构建衡量溢出效应指标的估计结果发现,不管将地区范围限定在省、市还是县的水平上,地区出口到特定目的地的企业越多,该地区其他企业出口到该国的概率越大。出口溢出效应不管是在国有企业、私营企业还是外资企业的样本中,都十分显著。此外,我们也构建了企业-出口商品-目的地层面的出口集聚指标进行估计,结果发现,某地区出口特定商品到特定目的地的企业越多,该地区的其他企业越倾向于出口该商品到该目的地,且该地区的其他企业也将更多地向相同目的地出口相同的商品。出口集聚的溢出效应在相同商品和相同目的地的企业间最大,而在不同商品和不同目的地企业间最小。此外,出口集聚对小企业开始出口的影响大于对大企业的影响,对多产品企业开始出口的影响大于对单产品企业的影响;而从出口规模方面来看,出口集聚对大企业的影响大于对小企业的影响,对单产品企业的影响大于对多产品企业的影响;最后,出口集聚的溢出效应呈现随着距离增加而下降的特征:出口集聚对相同市中企业开始出口和出口规模的影响最大,其次是同省其他市的企业,受到影响最小的是位于其他省份的企业。

第四,出口到与中国发展阶段相近的目的地,目的地技术水平越高,企业获益越多。实证研究中,经常通过"出口学习效应"来检验出口的获益情况。本书借鉴已有研究的做法,以目的地人均GDP作为出口目的地技术水平的代理指标,以生产率作为企业技术水平的代理变量,在模型中将目的地技术水平和出口额的交互项来体现出口目的地的影响。为避免可能出现的内生性问题,用出口目的地加权经济增长率作为出口额的工具变量,并利用面板数据二阶段最小二乘法进行估计,实证结果表明,只有出口到中等收入国家(与中国发展阶段相似),目的地技术水平越高,才越有利于中国出口企业技术水平的提高。

与现有文献相比,本书的可能创新之处主要体现在以下几点:首先,首次提出口双重集聚的概念,并利用宏观和微观数据证明了中国出口呈现双重集聚的特征,有助于全面理解中国出口区位分布特征;其次,结合区位理论和新新贸易理论,深入探讨了中国出口国内集聚、目的地集聚以及双重集聚形成的机制,有助于理解中国出口区位分布形成的原因,也能为政府推动出口市场多元化提供新的思路和经验证据;最后,对出口目的地特征如何影响出口企业技术升级进行考察,一方面弥补了相关文献的空白,另一方面,也可以为调整出口市场方向提供具体的可行建议。

目　录

第一章　导论 ·· 1
　　第一节　选题背景与意义 ··· 1
　　第二节　结构安排 ··· 4
　　第三节　研究方案 ··· 6
　　第四节　创新与不足 ··· 8

第二章　文献综述 ·· 10
　　第一节　引言 ·· 10
　　第二节　集聚的形成机制 ··· 10
　　第三节　国际贸易与产业集聚 ·· 14
　　第四节　国际贸易、出口目的地和获益 ·························· 19
　　第五节　简要述评 ··· 21

第三章　中国出口双重集聚的现象描述 ································· 24
　　第一节　引言 ·· 24
　　第二节　集聚的衡量指标 ··· 26
　　第三节　出口国内集聚的现象 ·· 31
　　第四节　出口目的地集聚的现象 ···································· 44
　　第五节　生产地和目的地同时集聚的现象 ······················ 53
　　第六节　本章小结 ··· 56

第四章　出口国内集聚的形成机制 ·· 58
　　第一节　引言 ·· 58
　　第二节　数据来源及变量构造 ·· 60

第三节	实证模型设定	74
第四节	估计结果	78
第五节	本章小结	96

第五章 出口目的地集聚及双重集聚的形成机制 … 98
第一节	引言	98
第二节	理论解释及实证模型设定	100
第三节	数据来源和变量构造	102
第四节	估计结果	108
第五节	本章小结	115

第六章 出口双重集聚形成机制的进一步分析 … 118
第一节	引言	118
第二节	实证模型和变量构建	119
第三节	数据来源和统计描述	122
第四节	实证结果	125
第五节	本章小结	138

第七章 出口目的地集聚的影响 … 139
第一节	引言	139
第二节	数据来源和变量定义	142
第三节	模型构建和计量方法	148
第四节	估计结果	149
第五节	本章小结	157

第八章 主要结论及政策含义 … 159
| 第一节 | 主要结论 | 159 |
| 第二节 | 政策含义 | 161 |

参考文献 … 164

第一章 导　论

第一节　选题背景与意义

经济活动的空间分布往往是不均衡的,有些地区仅松散地散落着少数企业,而有些地区则容纳了大量的企业。大量企业集中在少数几个地区进行经营活动的现象被称为经济集聚。经济集聚是世界各国在经济发展过程中存在的普遍现象,例如美国的制造业带(Fritz,1943)和日本的太平洋海岸工业带(Kitamura 和 Yada,1977)。除了制造业整体集聚外,不同行业也呈现集聚的特征。如在美国,高科技产业集聚在硅谷和128公路;影视娱乐产业集聚在好莱坞;广告业集聚在纽约麦迪森大街;医学设备业集聚在明尼阿波利斯;油漆和涂料业集聚在克利夫兰;办公家具业集聚在西密歇根;地毯业集聚在达尔顿;汽车业集聚在底特律;葡萄酒业集聚在加利福尼亚;制鞋业集聚在马萨诸塞。在德国,刀具业集聚在索林根;外科器械业集聚在图特林根;珠宝业集聚在普福尔茨海姆;机床业集聚在斯图加特;制笔业集聚在纽伦堡;光学仪器集聚在韦热拉;工具制造业集聚在雷姆沙伊德;机械业集聚在巴登-符腾堡;陶器业集聚在德累斯顿附近。在法国,时装产业集聚在巴黎;网络业集聚在巴黎森迪尔区;香水玻璃瓶业集聚在布雷勒河谷。

在中国,改革开放以来,工业经济高速增长的同时,在空间布局上也进行了重新调整,主要表现为制造业总体上向东部沿海省份集聚(范剑勇,2004;路江涌和陶志刚,2006;王业强和魏后凯,2007)。在广东、浙江、福建、江苏等省,不断涌现出一个个专业化的生产区,如广东顺德是家电行业、家具行业和花卉行业的集聚地,东莞是 IT 零部件与整机生产行业的集聚地;浙江温州的柳市是"中国低压电器之都",绍兴柯桥是"中国轻纺城",濮院镇是中国最大的羊毛衫生产和交易中心;制鞋业则集聚在福建晋江。

集聚现象的普遍性,引起了国内外学者们的广泛关注。早在20世纪初,Marshall(1920)便提出集聚可能产生外部性的观点,即集聚会影响集聚地区企业的绩效,其理论机制主要包括劳动力市场共享、中间商与最终商之间的匹配以及知识或技术的溢出。由于Marshall(1920)强调外部性产生于行业内,后来的实证研究大都围绕着集聚的行业内溢出效应进行展开。Henderson(1986)以美国和巴西为样本发现集聚使本行业生产率有两位数的提高。Henderson等(1995)利用韩国5个制造业的数据发现集聚对本行业生产率有显著为正的影响。Cingano和Puga(2004)根据微观企业数据也得到了类似的结论。少数文献根据Jacobs(1969)提出的单个企业或细分行业的生产率将从本地区其他所有行业的集聚中获益更多这一观点,实证考察了关联行业集聚的外部性,得出的结论不尽相同。国内的研究除了考察集聚对生产率的影响(如陈良文等,2008;范剑勇和石灵云,2009),也有考察集聚与创新(张杰等,2007;裴长洪和谢谦,2009)、集聚与企业规模(陆毅等,2010)、集聚与经济增长(孙浦阳、武力超和张伯伟,2011)等变量之间的关系。

已有关于集聚的研究主要是针对一般经济集聚,但从中国现实来看,除了广泛意义上的经济集聚外,还存在一类特殊集聚——出口集聚,即出口在地理分布上呈现不均衡的特征。自2001年底加入WTO以来,中国的对外贸易飞速发展,出口年均增长率达到了20.4%,于2010年跃升为世界第一大制成品出口国。尽管对外贸易总规模不断扩大,但各省市出口增长速度却差异显著,使得出口主要集中在少数几个省市。根据宏观统计数据,2001年以来,出口的前五大省市基本保持不变,分别是广东、江苏、上海、浙江和山东。这五大省市的出口在中国总出口额中所占比重在2001年为73.2%,而2009年更是高达77.9%。

此外,除了在国内集聚外,中国出口还呈现出在目的地集聚的特征。新中国成立以来,出于政治方面的原因,中国的贸易伙伴主要是前苏联和东欧等国家。随着与西方发达国家之间的关系缓和,以及加工贸易的发展,中国出口目的地逐渐转向少数发达国家(或地区)。为了避免出口市场过于集中带来的风险,2000年左右,中国出台了"市场多样化战略"。尽管该战略取得了一定的成效,但中国出口目的地集聚的特征并未发生显著变化。2001年,在200多个贸易伙伴中,前十大出口目的市场占到了中国总出口额的74.0%。尽管该比重在随后的年份有所下降,但在2011年仍然高达59.5%。

既然出口在国内存在集聚的趋势,在目的地也呈现集聚的特征,那么出口在国内集聚的地区是否在出口目的地的集聚程度也较其他地区高?出口为什么会在国内出现集聚?除了政策因素外,是否还有其他经济因素的原因?中国出口目的地集聚的原因何在?出口在国内集聚与目的地的集聚之间是否有何联系?这是本书试图回答的几个问题。

本书研究的意义体现在以下两个方面:

在理论上,为建立区位理论和贸易理论之间更为紧密的联系并提供实证基础。Ohlin(1933)指出,国际贸易理论仅是一般区位理论的一部分。然而,贸易理论和区位理论之间一直缺少显著的理论,特别是自李嘉图以来,空间因素就被逐出主流贸易理论之外。近年来,随着新新贸易理论的兴起,一些学者开始尝试将区位理论和贸易理论联系起来。新新贸易理论考虑到企业层面的异质性,解释了一国同行业内有些企业出口有些企业不出口这类之前任何贸易理论都无法解释的问题,并主要关注企业生产率的影响。由于区位理论强调集聚对企业生产率可能存在影响,因此,随着新新贸易理论的发展,区位理论和贸易理论又开始出现融合的趋势。本书立足于中国的实践,考察企业国内区位选择、出口以及出口区位选择之间的关系,能为建立区位理论和贸易理论之间更紧密的联系提供实证基础。

在实践上,为中国优化对外贸易结构、促进区域均衡发展提供理论依据和政策参考。出口目的市场高度集中的风险在金融危机期间暴露无遗,外部经济的震荡很容易就通过贸易渠道影响到中国经济发展的各个层面。如何推动出口市场多元化已成为目前优化中国对外贸易结构亟待解决的重要问题。此外,改革以来中国地区间收入差距持续扩大,上世纪末已经成为世界上少数几个地区差距最为悬殊的国家之一。从已有的相关研究可以看出(如范剑勇和朱国林,2002),地区间差距的持续扩大与第二产业在空间上向东部沿海地区集中分布密不可分。因此,分析和理解国际贸易和产业集聚的相互作用机制,将为中国合理的参与国际分工,优化对外贸易结构、促进区域均衡发展提供理论依据和政策参考。

第二节 结构安排

本书共分为八章,其逻辑结构和内容概要如下:

第一章:导论。简要介绍研究动机和研究背景、研究目标和思路、研究方法、章节安排、可能的创新点以及不足之处。

第二章:文献综述。根据本书的研究目的和研究内容,从"集聚的形成机制""国际贸易与产业集聚""国际贸易、出口目的地和获益"三个方面对已有文献进行总结,指出现有文献的不足及需要深入研究的问题。

第三章:中国出口双重集聚的现象描述。本章首先简单介绍了测度集聚的几个指标,包括集中率、赫芬达尔系数、Hoover地方化系数、EG指数。然后,利用中国统计年鉴的公开数据,并结合中国工业企业数据和中国海关数据,分别描述了出口国内集聚和出口目的地集聚的现象。最后,通过考察出口国内集聚的地区在出口目的地的集聚程度,论证了中国出口存在双重集聚的特征。除了对总体情况进行描述外,本章还根据贸易方式、企业所有制类型、行业等标准,考察了加工贸易和一般贸易、国有企业、私营企业和外资企业、动物和食品行业、矿产和木材行业、化工产品和塑料行业、纺织业、鞋帽业、金属制品业、机械和电子产品业、交通工具业以及杂项制品业等出口在国内集聚、出口目的地集聚以及出口双重集聚的现象。

第四章:中国出口国内集聚的形成机制。根据新新贸易理论,只有生产率高的企业才能出口,如果集聚的外部性确实能够提高集聚地区企业的生产率,使集聚程度高的地区的企业更倾向于出口,那么就会出现所观察到的企业在国内集聚。本章分别基于EG指数、企业数量和企业平均规模两套集聚指标,同时利用直接估计方法和间接估计方法,以中国工业调查企业数据、中国工业普查企业数据为样本,通过考察集聚对生产率的影响,来论证上述关于出口国内集聚形成机制的假说。与已有研究不同的是,本书这一章除了考察本行业集聚的影响外,还考察了上、下游行业集聚的影响以及不同所有制企业集聚的影响。不仅揭示了中国出口国内集聚的形成机制,而且也进一步丰富了关于集聚效应的研究。

第五章:中国出口目的地集聚及双重集聚的形成机制。这一章基于出口溢出效应来探讨中国出口目的地集聚及双重集聚的形成机制。出口溢出是指在正式和非正式交流中,非出口企业通过出口企业获取有关出口市场的信息;且出口企业越多,非出口企业越容易获取这种信息。根据新新贸易理论,为了获取出口目的市场有关信息等原因,企业出口前都需要事先进行一笔固定投入,所需固定投入的多少决定了出口临界生产率或企业出口倾向。由于存在出口溢出,因而在一个出口企业集聚的地区,未出口的企业相对于在其他区域的企业更容易出口。此外,由于交流的信息具有市场专属性特点,未出口的企业更容易选择出口到其所在地区有较多企业已出口的市场。即由于出口溢出效应,一方面已有较多出口企业的地区,其他非出口的企业更容易出口,从而表现为出口在国内地区上的集聚;另一方面一个地区出口到某个国家的企业越多,该地区的其他企业将越倾向于出口到该国,即表现为出口市场集中度高。基于中国工业企业调查数据库和海关贸易统计数据库的匹配数据,本章通过考查出口溢出效应,对上述关于出口目的地及双重集聚的形成机制进行了实证检验。

第六章:中国出口双重集聚形成机制的进一步分析。同样利用中国工业企业调查数据和中国海关数据的匹配数据,本章还进一步探讨了出口集聚对出口规模的影响,以进一步论证中国出口双重集聚形成的机制。此外,与上一章不同的是,本章专门考察出口特定商品到特定目的地的溢出效应。同时,通过构建不同地区范围的集聚指标,本章也考察了出口溢出效应的范围,比较了出口集聚对小企业和大企业的影响、以及对单产品企业和多产品企业的影响。

第七章:出口目的地对中国企业出口技术升级影响的实证分析。本章通过研究出口目的地对出口技术升级的影响,来得到有利于中国从出口中获益的更多的市场分布特征。结合前面几章的内容,可以提出推进出口市场多元化和区域协调发展的完整政策建议。在本章的研究中,我们将以企业生产率作为技术升级的代理变量,利用中国工业企业调查数据和中国海关数据的合并数据,考察出口目的地的发展阶段对出口企业技术升级的影响。考虑到可能存在的内生性问题,本章利用工具变量的方法进行了估计。

第八章:主要结论及政策含义。

第三节　研究方案

一、研究目标

针对中国出口在国内和目的地集聚的现象,通过深入的数据分析,本书提出"出口双重集聚"的概念,将其定义为出口既在国内集聚又在目的地集中的现象,在整合区位理论和新新贸易理论相关研究的基础上,以中国从事对外贸易的企业为主要研究对象,综合运用理论和实证的分析方法,深入考察出口国内集聚、出口目的地集聚和出口双重集聚形成的原因,并进一步通过探讨出口目的地特征对企业技术升级的影响,提出出口目的市场的调整方向,以期为优化中国对外贸易结构、促进区域均衡发展提供理论依据和政策参考。

二、研究思路

本书主要研究中国出口在国内区位分布和目的地分布的特征,并结合区位理论和新新贸易理论,解释这些特征出现的原因和形成机制。虽然20世纪90年代以来产业集聚现象引起了很多学者的关注,也有研究提及中国出口市场集中的事实,但关于出口在国内的区位分布,以及国内区位分布和出口目的市场分布之间关系的研究却较少。对这些现象的考察及原因研究能够帮助优化中国对外贸易结构,并有利于政府有关部门科学制定相关的经济政策。因此本书的研究过程为:中国出口双重集聚的现象描述—中国出口双重集聚的形成机制—优化出口市场结构的政策探讨。

本书有三个研究重点:

一是对中国出口双重集聚特征的考察。考察中国出口双重集聚的特征是本书研究的起点和基础。如若中国出口双重集聚现象不存在,本书对于出口双重集聚形成机制的研究便毫无意义,得到的有关政策建议也不具有可行性。

二是深入探讨出口双重集聚的形成机制。对中国出口双重集聚形成机制的研究是本书的核心。对特定现象形成原因的解释是任何研究的本质之所在。只有了解出口双重集聚的形成机制,才真正理解中国出口双重集聚的现象,也才能进一步提出相关的政策建议。

三是出口目的地特征对出口企业升级的影响。研究出口双重集聚的目的是优化中国出口结构、促进区域均衡发展。在了解中国出口双重集聚形成机制后,对于利用哪些调整手段或工具改变这一现象有一定启示。而通过考察出口目的地特征如何影响出口企业技术升级的研究则能进一步为调整方向提供相应建议。

三、研究方法

本书坚持实证研究和规范研究相结合的分析方法,主要回答"是什么"和"为什么"的问题。实证研究偏重于对现实经济问题的概括和归纳,即从经济现象出发,总结和分析其具有的内在规律性,强调对事实的陈述和描述,力图回答"是什么"的问题;规范研究偏重于对经济规律的推理和演绎,即从经济学原理出发,对所发生的各种经济现象加以阐述和解释,力图解决"应该怎样"的问题。本书坚持实证与规范研究相结合,不仅试图回答"是什么"的问题,而且要通过对"是什么"问题的研究,最终解决"应该怎样"的问题。相比而言,本书更偏重实证研究。

在研究手段上，本书采取理论模型和经验研究相结合，并以经验研究为主的手段。在理论分析方面，我们主要利用国际贸易理论的一般均衡分析范式，通过构建数学模型来表达相关思想。在经验研究方面，本书主要运用统计、计量经济学等方法，通过构建相关指标和计量模型来验证相关假说和理论的推论。

第四节　创新与不足

一、可能的创新

与现有的文献相比，本书的可能创新之处主要在于以下几点：

（1）首次提出出口双重集聚的概念，并利用宏观和微观数据证明了中国出口呈现双重集聚的特征。已有很多研究考察了中国经济国内集聚的现象（如罗勇和曹丽莉，2005；路江涌和陶志刚，2006），也有很多研究指出中国出口目的地集中的特征及可能存在的风险（如黄坚，2004；杨长湧，2010），但对于出口在国内的地理分布，以及出口在国内分布和目的地分布的特征则鲜有研究进行探讨。本书将出口双重集聚定义为出口既在国内集聚又在目的地集中的现象，并全面考察了中国出口在国内集聚、出口目的地集聚，以及在国内和出口目的地同时集聚的事实，有助于全面理解中国出口区位分布特征。

（2）结合区位理论和新新贸易理论，深入探讨了中国出口国内集聚、目的地集聚以及双重集聚形成的机制。已有研究考察了国内集聚形成的机制（如 Henderson，2003；Lee，Jang 和 Hong，2010），但并没有专门考察出口在国内集聚形成的原因；也有学者考察过贸易地理方向的问题，如 Eaton，Kortum 和 Kramarz（2004）最早利用法国 1986 年的数据得到大部分企业仅出口到一个市场的结论，但对于这些企业是否是出口到同一个市场并没有进一步深入研究。此外，不管是有关集聚溢出效应的研究，还是贸易地理方向的研究，除了上述提到的不足外，还存在无法理解中国出口双重集聚现象的问题。本书根据区位理论和新新贸易理论，不仅探讨了出口国内集聚的形成机制，还解释了出口目的地集聚以及双重集聚的形成机制,有助于理解中国出口区位分布形成的原因,也能为政府推动出口市场多元化提供新的思路和经验证据。

(3) 对出口目的地特征如何影响出口企业技术升级进行了考察。贸易伙伴国特征,特别是技术水平,可能是影响企业从出口中获益的重要因素。因为技术水平发达的贸易伙伴国使企业能接触到更多的新知识和新技术,从而有利于其生产率更大幅度提高。事实上,很多内生经济增长模型已对这一点进行了证明(如 Chuang, 1998; Grossman 和 Helpman, 1991)。但实证研究,尤其是针对中国的实证研究却较为缺乏。本书在这方面的研究一方面可以弥补相关文献的空白,另一方面,也可以为调整出口市场方向提供可行的建议。

二、不足之处

本书的不足之处主要有:

(1) 微观企业的数据不够新。由于数据的可得性,本书研究中用到的微观数据最新仅到 2007 年。因而,无法研究全球金融危机之后的情况。但从宏观数据上看,微观数据呈现出的集聚特征,全球金融危机之后仍然存在。

(2) 研究对象是工业行业,缺乏对服务行业的考察。尽管目前中国出口中,工业品出口仍然占有绝对的优势地位,但随着全球经济一体化程度加深,以及国内服务业的发展,服务贸易将会在中国出口中扮演着越来越重要的角色。本书仅考察了工业品出口的区位分布特征及其形成机制,而忽视了对服务出口的研究。

(3) 研究方法侧重实证分析,理论上的一般均衡分析较少。本书在考察出口国内集聚、出口目的地集聚和出口双重集聚时,大都是根据区位理论和新新贸易理论,提出相关假说,并利用中国微观数据,采用合适的计量方法对假说进行检验。而利用一般均衡分析方法探讨出口国内集聚、目的地集聚和双重集聚形成机制的篇幅较少。

上述这些不足都有待于今后进一步的深入研究。

第二章 文献综述

第一节 引言

从本书研究的问题来看,不仅涉及到集聚,还有出口、贸易获益等,因此根据相关程度,文献回顾主要从三个方面展开,即(1)集聚的形成机制,(2)国际贸易与集聚,(3)国际贸易、出口目的地和获益。

有关集聚形成机制的研究起源于20世纪初。理论经济学家对于集聚的形成机制以及集聚的经济效应作了很多阐释。在实证研究方面,也涌现了大量的文献就集聚的测度、集聚形成机制及集聚经济效应等一系列问题进行探讨和检验。在关于国际贸易和集聚的研究中,现有文献有的考察国际贸易对集聚的影响,也有文献考察了集聚对国际贸易的影响。但不管是理论还是实证上,都没有得到一致的结论。本章将对这两个方面的研究进行总结。在贸易获益方面,国际贸易和获益是一个经久不衰的话题,理论和实证上的研究都有很多。根据研究目的,我们主要梳理关于"出口学习效应"的文献。通过文献进行梳理和总结,一方面理清了现有文献的不足和改进方向,另一方面也为本书所研究的问题提供一定方法启示。

第二节 集聚的形成机制

集聚的形成机制是经济学研究中一个古老而又常新的话题。在理论上,Marshall(1920)最早将产业集聚现象纳入古典经济学的分析框架下。在其经典著作《经济学原理》中,Marshall使用了"集聚"的概念去描述地域的相近性和企业、产业的集中,并以规模报酬不变、完全竞争假设为前提,指出地方性工业在特定区域内集聚的根本原因是为了获取集聚外部效应所带来的收益。Marshall关于产业集聚的论述构成了古典产业集聚理论的基石之一。

Weber(1929)主要从工业区位的角度论述产业集聚现象。韦伯认为三个区位因子(location factors)共同决定了工厂的最佳位置,这三个因子分别是运输成本、劳动力成本和集聚经济。韦伯指出,企业的集聚能够催生专门性的服务设施,如专门的机器修理厂、大规模的劳动市场、公用设施、道路等;此外,上下游企业的集中会使许多企业靠近原材料供应商,这些因素导致了集聚的经济性。韦伯理论的核心思想是如何对运输成本、劳动力成本和集聚经济进行组合,使企业成本最低。如果多个工厂集中在一起与各自分散时相比,能够给各个工厂带来更多的收益或节省更多的成本,工厂就会倾向于集聚,这是韦伯所总结的产业集聚的一般原因。韦伯的理论从微观企业的区位选择角度,阐明了企业是否集聚取决于这一选择结果的生产成本是否最低。他认为集聚的产生是自下而上形成的,是企业为追求自身利益最大而自发实现的,因而在西方经济学、经济地理理论发展过程中做出了巨大的贡献,具有重要的理论和现实意义。但遗憾的是,该理论尽管说明了企业空间选择和集聚的基本动因,但没有系统阐述其中的过程和机制。

到了20世纪80年代,随着新贸易理论的诞生,以Krugman为代表的经济学家,在规模报酬递增和不完全竞争的假设基础上,综合城市经济学、区域科学和经济区位理论等多种有关空间经济的传统思想,借助Dixit-Stiglitz垄断竞争模型,提出一系列深刻却简单优雅的空间经济模型,来模拟产业集聚的向心力和离心力的相互作用,以寻求产业集聚持续发展和多重均衡实现及被打破的条件,强调历史和偶然事件、路径依赖、累积因果效应等在集聚形成中的作用,由此诞生了新经济地理学。新经济地理学为解释产业集聚的形成提供了新的视角和方法,其主要贡献在于构建了清晰、严谨、精致的模型,为经济活动的空间研究提供了一个符合主流经济学的分析框架,使产业集聚成为主流经济学关注的中心。

几乎是在同一时期,Porter(1990)在《国家竞争优势》一书中,从产业竞争优势的获得角度对产业集聚现象进行了深入的研究。Porter认为国家竞争优势的获得关键在于产业的竞争优势,而产业竞争优势又主要源于该国内部的产业集群。他将集群视为一种能在效率、效益及柔韧性方面创造竞争优势的空间组织形式,并认为集群的作用主要体现在如下方面:首先,集群通过靠近专业的物质投入来源,并通过信息、设施的互补等提高了生产率;其次,集群可以改善激励和绩效的评估;第三,集群能够提高创新率;最后集群降低了新企业的进入壁垒。Porter的竞争优势理论为产业集聚的研究又开启了一扇新的大门。

很多学者在实证上考察了集聚形成的原因。有的学者强调自然资源优势与劳动投入的影响(如 Kim,1995;Ellison 和 Glaseser,1999),也有学者探讨市场需求与市场潜力的作用(如 Davis 和 Weinstein,1999;Brulhart,1998),还有学者关注内部规模经济因素(如 Brulhart,1998;Kim 和 Knnap,2001;Holmes 和 Stevens,2002;Lafourcade 和 Mion,2007)。由于外部规模经济,既是集聚形成的原因,也是集聚经济的体现,所以更多的研究对于外部规模经济在集聚形成中的作用更感兴趣。有关外部规模经济的产生,一般认为主要源于以下三个方面:(1)劳动力市场蓄水池(labor pooling)。即通过将一个产业一定数量的厂商集中在一个地方,产业集中形成一个专业技术工人共享的劳动力市场,使雇主们能以较低的成本找到拥有所需特殊技能的工人,同时寻找就业机会的工人也很容易找到工作,因而对厂商和工人都有利;(2)中间投入品共享(input sharing)。集聚程度高的地区,分工也会相应的较为发达,附属上下游行业更容易成长,为产业中心提供工具和材料,组织交通,使厂商能更经济地使用原料、出售商品;(3)知识溢出(knowledge spillover)。信息在当地流动比远距离流动更容易。在集聚区域内,行业秘密很容易成为众所周知的事情。对于机械、流程和商业一般组织的发明和改进,或者好的思想,也很容易被采纳。此外,这些发明、改进和思想,与其他建议结合起来,又成为新观点的源泉。

尽管对于外部规模经济(或外部性)产生的源泉没有异议,但对于外部性的范围却一直存在两种不同的观点:有些学者认为一个特定空间某个行业的大量集中更能利用劳动力共享和知识溢出的好处(如 Marshall,1890;Arrow,1962;Romer,1962),也即强调专业化带来的外部性更大,以这种观点为基础的外部性也称为 MAR 外部性(或地方化经济);Jacobs(1969)则主张具有差异化的行业在一个地区的集聚更有利于创新发明,从而产生更大的外部性,所以由差异化和多样性带来的外部性也称为Jacobs外部性(或城市化经济)。主要集中于近些年来,关于外部规模经济的实证研究一方面检验集聚形成的原因和集聚效应,另一方面比较到底是地方化经济更大还是城市化经济更大。

实证研究中,外部规模经济的影响大都用增长或生产率来衡量。在以增长作为结果变量的研究中,Glaeser(1992)利用1956~1987年美国10个城市6个产业的数据进行的研究发现,产业多样化有利于产业增长,而产业专业化却对产业增长起负作用。Bradley 和 Gans(1998)对澳大利亚、Cainelli 和 Leoncini(1999)对印度、Combes(2000)对法国以及 Soest 等(2002)对荷兰的研究都发现产业专业化对增长有负作用,而对于城市化经济是否存在却没有得到一致的结论。在以生产率作为结果变量的研究中,Henderson(1986)用美国和巴西为样本发现地方化经济提高了大部分2位数行业的生产率。Henderson、Shalizi 和 Venables(2001)利用韩国5个工业制造业的数据也发现地方化经济对生产率有正的影响。Capello(2002)基于意大利米兰一组高科技企业样本,发现地方化经济比城市化经济起到了对企业生产率更重要的作用。Henderson(2003)利用美国机器和高技术产业的企业数据,分为单个企业和集团两个样本进行估计,仍然发现地方化经济对企业生产率的影响更大。Cingano 和 Puga(2004)得到了与 Henderson 类似的结论。Lee,Jang 和 Hong(2010)利用韩国工业企业的样本发现,地方化经济和城市化经济的影响程度随企业特征的不同而不同,总的来说新兴行业企业的生产率受城市化经济的影响较大。

利用中国数据进行的相关研究大致分为两类:一类关注中国集聚水平及其变动情况。梁琦(2004)计算了1994年、1997年和2000年中国24

个二位数制造业部门的基尼系数,通过3年系数值的比较分析发现,中国的工业集聚水平逐渐提高。白重恩(2004)构建了1985~1997年间29个省区32个行业的数据集,利用就业和产值数据计算了Hoover系数,发现中国区域专业化程度在考察样本期间有了相当大的提高。文玫(2004)用工业总产值计算了1980年、1985年和1995年25个二位数行业的基尼系数,同样也有工业在地域上集聚程度上升的发现。路江涌和陶志刚(2005)利用Ellison和Glaeser(1997)构建的更为科学和精确的指标体系发现,整体上,中国制造业的行业区域集聚程度仍处于上升阶段。其他利用EG指数进行的类似研究还包括罗勇和曹丽莉(2005)、杨洪焦等(2008)。

另一类是关于集聚形成机制(或集聚外部性)的研究。Batisse(2002)以1985~1989年中国29个省市和30个制造业的面板数据为样本进行的研究发现,产业外部工业环境的多样性和产业内的竞争度有利于产业增长,但产业专业化对增长的效应为负。薄文广(2007)基于1994~2003年中国29个省市区25个行业的面板数据估计结果发现,专业化水平与产业增长之间存在着负向关系,多样化程度与产业增长之间存在着非线性关系。Fan和Scott(2003)发现产业专业化和中国省市水平上的生产率呈现显著的正相关关系。Ke(2010)也报告了产业集聚和城市水平生产率之间的正向因果关系。范剑勇和石灵云(2009)发现,集聚经济是导致中国城市间制造业劳动生产率差异的重要因素,而且地方化经济的影响远大于城市化经济。在企业层面的研究中,Lin等(2011)以纺织业企业为样本,发现产业集聚和企业生产率之间呈现负相关关系。

第三节 国际贸易与产业集聚

早在半个世纪以前,Isard(1956)就宣称贸易理论与区位理论是"同一个硬币的两面"。Ohlin(1933)也强调产业区位论与贸易理论可以结合起来从而更好地解释产业区位和区际贸易模式。事实上,经典的国际贸易理论大都是解释国际贸易对产业在国际间的转移、重塑国家和区域之间的专业化模式和贸易模式的影响,以及对于福利重新分配的影响。

传统贸易理论在完全竞争的市场结构、同质产品、规模报酬不变的假设基础上,认为各产业在不同国家集聚是由"比较优势"决定的,而"比较优势"又取决于外生的技术、自然资源和要素禀赋的空间分布,如Ricardo(1817)论证了比较优势来源于各国相对技术的差异。各国相对技术差异越大,生产将会越集中;Heckscher(1919)和Ohlin(1933)认为,要素禀赋才是决定生产区位模式的关键。在传统贸易理论看来,国际贸易的结果是导致生产集中于那些拥有比较优势的国家。一定程度上,经济活动的空间集聚确实产生于地区间要素禀赋之类的差异。但是,技术和要素禀赋对经济活动空间分布的影响只有基于严格的范式才能得到解释(Fujita 和 Mori,2005),因而无法解释现实中生产的高度集聚(Ottaviano 和 Puga,1998)。

新贸易理论则在模型中引入了规模报酬递增和不完全竞争的假设。这类模型的基本框架是:一个大的中心国家和一个小的外围国家组成了整个世界,中心国家比外围国家拥有更多的绝对禀赋,但两国相对禀赋相同,因而无法形成传统理论强调的比较优势。各区域都有两个部门:一个规模报酬不变、无贸易成本的完全竞争部门,一个规模报酬递增、存在贸易成本的垄断竞争部门。由此得到的结论是:在规模经济和贸易成本的共同影响下,规模报酬递增部门将集聚于那些具有较大市场的区域。主要原因是,规模经济激励企业倾向于集中生产,因为能够降低生产成本;但生产集中增加了向其他地区销售的成本,使得企业倾向于集聚在拥有较大市场的地区。当贸易成本降为零时,所有规模报酬递增的部门都将集聚于拥有较大市场的地区,结果是专业化模式得到了强化。但是,如果允许要素流动(Krugman 和 Venables,1995),贸易成本和企业区域分布的关系将呈现倒 U 型,即贸易成本在一定范围内,企业将超比例地集聚于拥有较大市场的区域。而当贸易成本足够低时,企业的区位分布则主要由要素市场的竞争决定(Ottaviano 和 Puga,1998)。

新新贸易理论将企业异质性因素纳入解释国际专业化的影响中,由此出现了解释区域集聚的新视角。如 Baldwin 和 Okubo(2005)的异质企业模型发现,贸易自由化使小国市场上的高生产率企业将首先重新定位于大国市场,而低生产率企业并不改变它们的区位,即所谓的单向空间排序。有学者基于Metliz(2003)的模型,认为生产率对企业出口市场的选择有重要影响,并提出出口市场呈现"等级结构"的假说,即随着生产率的增加,企业能进入更多更难进入的出口市场(Eaton等,2007)。但在利用数据进行实证分析时,有研究支持该假说(如Kang和Kim,2010),但也有研究没有发现相关证据(如Lawless,2009);还有学者发现了"企业最初仅出口到本国国内具有相似特征的发达国家,随后才进入更远或不发达国家"的规律,并将这一现象解释为"学习中出口(Learning to export)"(Schmeiser,2012)。

值得注意的是,这些贸易理论所探讨的产业集聚重点关注的是国际层次上的产业集聚,而并未涉及国际贸易对国内部产业布局的影响。尽管关于后者的文献尚不多见(Behrens,2004),但也有研究有所涉及。如Krugman和Livas(1996)发现,贸易自由化将促使国内制造业扩散,因为贸易成本的下降增强了外部市场的重要性,从而弱化了国内企业之间的前后向关联。然而,有些学者则得到了完全相反的结论,即贸易自由化将加剧国内经济活动的不平衡,使其进一步向少数区域集聚(如Montfort和 Nicolini, 2000; Crozet 和 Koenig-Soubeyran, 2002; Paluzie, 2001; Montfort和Ypersele,2003)。因此,国际贸易对一国内部产业布局的影响最终成为一个实证问题。Tirado,Paluzie和Pons(2002)发现国际贸易加剧了发展中国家(如印度、巴西等)区域之间的不平衡发展。Brulhart和Trager(2005)利用欧洲的样本却发现,国际贸易使国家内部的制造业开始了渐进的扩散。Holmes和Stevens(2005)利用美国的数据也得到了类似结论。Hanson(1998)针对北美贸易自由化对墨西哥国内产业的影响研究发现,贸易自由化导致以墨西哥城为中心的工业带衰落,而新工业集聚带出现在墨西哥北部的美墨边界附近地区。Ottaviano,Tabuchi,和Thisse(2002)的研究则表明,只有在较高的贸易成本或较低贸易成本情况下,国际贸易才会导致国内的生产集中,而中等贸易成本的集聚是社会非意愿的。但一般来说,现实世界的贸易成本不会呈现较高和较低这两个极端,中间情况可能是一种常态。因此,他们的研究表明集聚可能加剧区域不平衡发展。

有一些学者也考察了产业集聚对国际贸易的影响。这些研究关于两者之间关系的论述主要建立在空间经济学中本地市场效应基础上:一方面,本地市场效应是导致产业集聚的一个可能的重要力量;另一方面,产业集聚一旦形成将会放大本地市场效应(Baldwin 和 Martin,2003),而这将会进一步地影响和改变一国的出口和贸易模式。Head,Mayer 和 Ries(2002)、Crozet 和 Trionfetti(2006)以及 Okubo 和 Rebeyrol(2006)等的研究表明,本地市场效应将极大地影响国家之间的专业化模式和贸易模式。Davis 和 Weinstein(1996,1999,2003),Schumacher(2003),Brulhart 和 Trionfetti(2005),Hanson 和 Xiang(2004)以及 Crozet 和 Trionfetti(2006)等则实证检验了本地市场效应对国际生产专业化和贸易模式的影响。

新新贸易理论诞生以来,也出现了很多关于产业集聚对国际贸易影响的实证研究。新新贸易理论诞生之初主要是为了解释出口企业生产率较非出口企业更高的事实。开拓性的研究将这一事实归因为出口的成本。如 Clerides,Lach 和 Tybout(1998)构建了一个简单的局部均衡模型,指出如果进入出口市场存在沉没成本,那么企业必须要比进入出口市场之前更有效率。Melitz(2003)将企业异质性纳入到一般均衡分析框架中,同样指出由于进入出口市场存在成本,所以只有生产率最高的企业进行出口才有利可图。在 Helpman,Melitz 和 Yeaple(2004)的模型中,企业有机会在海外设立子公司,但受到固定成本的约束。该模型得到了一个直观上颇具吸引力的结论,即生产率最高的企业进行对外直接投资,次高的企业进行出口,生产率再低一点的企业则只能服务于国内市场,而生产率最低的企业干脆选择退出市场。出口所需要的成本,是用于对国外市场调研、铺设销售渠道、开发出符合国外消费者偏好的商品的支出,因而,具有知识密集型的特征。正因如此,理论上,集聚作为知识溢出的重要渠道,对企业出口有着重要影响。

实证中,有些研究考察了集聚对于出口决定的影响,并大都认为两者之间呈现正相关关系。如Greenaway和Kneller(2008)以1988~2002年期间英国工业企业数据进行的研究发现,与集聚相联系的溢出效应能提高出口的概率,而出口又能进一步提高企业生产率。袁欣与李深远(2007)对深圳市电子产业的集聚程度与出口贸易关系进行实证分析,得到了产业集聚明显带动电子产业出口贸易的结论。文东伟和冼国明(2014)利用中国工业企业调查数据发现,中国制造业的空间集聚显著推动了企业出口,并认为中国出口企业的"生产率悖论"是由于集聚因素导致的。

有些研究仅关注出口集聚在出口决定中发挥的作用,但并没有得出一致结论。Aitken,Hanson和Harrison(1997)利用墨西哥企业的样本发现,1986~1989年期间,墨西哥企业开始出口的概率与出现在同一个州的外资企业数量呈正相关关系,但与一般意义上集聚的关系并不显著。Grennaway,Sousa,和Wakelin(2004)证明了英国的跨国企业集聚对国内企业出口的概率有显著为正的影响。同样利用英国企业的数据,Kneller和Pisu(2007)也发现了同一地区同一行业外资企业越多,越有利于出口规模的增加与出口概率的提高。然而,也有研究发现,出口集聚对企业开始出口没有影响。如Barrios,Gorg和Strobl(2003)利用1990-1998年西班牙企业样本进行的研究,并没有发现西班牙企业从外资出口企业集聚中获益的证据。Bernard和Jensen(2004)也发现出口集聚在美国企业开始出口决定中的作用十分有限。

有少数研究也利用中国企业样本来考察出口集聚对出口绩效的影响。如Mayneris和Poncet(2015)考察了外商投资企业的集聚效应,发现同一个省份出口特定商品到特定目的地的外商企业越多,该省的内资企业越倾向于出口相同商品到相同国家。Ito,Xu和Yashiro(2015)利用中国工业企业样本进行的研究结果表明,不管高集聚地区还是低集聚地区,出口企业生产率都较不出口企业更高,且出口企业和不出口企业生产率的这种差异在高集聚地区表现更大。此外,他们也得到了内资企业和外资企业集聚都存在溢出效应的结论。

第四节 国际贸易、出口目的地和获益

国际贸易对于参与贸易方福利的影响是国际贸易理论中一直都存在争议的话题。可以说,国际贸易理论就是随着争论而发展的。贸易纯理论都认为国际贸易提高了参与贸易方的福利。其中,李嘉图模型、HO模型都证明了贸易通过使双方能消费更多的商品而获益。Krugman模型则发现除了能消费更多的商品外,贸易还能通过扩大消费商品种类使参与贸易的双方获益。而在Melitz模型中,除了Krugman模型中所提到的渠道外,国际贸易还能够通过资源重置使参与贸易的国家获益,即贸易使生产率最低的企业退出出口市场,从而生产率较高的企业能使用原来被低生产率企业使用的资源,使得产出增加,整个行业的生产效率提高。但贸易保护理论认为国际贸易将给落后国家、落后产业带来不利影响。如李斯特认为,国家贸易将阻碍一国具有发展潜力的幼稚产业成长,从长远来看,将对该国产生不利的影响。"中心-外围"模型也强调,在外围的国家因为在分工中出口初级产品,贸易条件不断恶化,福利也因此遭受了损失。

实证中对于国际贸易与获益关系的研究大都基于"出口学习效应"。在本国以外市场出售商品的企业能向国外消费者与供应商学习,同时也面临着更大的竞争压力,这些都能使企业生产率得以提高。出口对生产率的这种影响被称为"学习效应"。Arrow(1962)建立了"干中学"模型,将生产经验作为生产过程中的一种投入要素,奠定了"出口学习效应"的理论基础。Romer(1986)继承了Arrow的研究思想,认为一国知识存量越大,各专业之间的知识交流与沟通就越便利。新知识、新技术出现越快,知识的全社会劳动生产率就越高。落后国家之所以能够形成"后发优势",根本原因就在此。落后国家可以从发达国家先进技术的"外部扩散"中获取巨大收益,从而形成"后发优势"。出口贸易在国际技术扩散中通过"外溢效应"促进出口国整体技术进步、提高国内企业的生产率。

从现实来看,很多最初工业化水平比较低、技术落后的国家,随着对

外贸易的增加,工业化水平不断上升,工业部门竞争力逐渐增强,技术和出口商品复杂度也在不断攀升,成功跻身于发达国家的行列,如亚洲四小龙。然而,并非所有开放的国家都取得了如此的成功,有些国家的工业在开放过程中增长缓慢甚至出现了衰退(Mendoza,2010)。因此,"出口学习效应"是否存在也是研究中的一个热点问题。

自 Bernard 和 Jensen(1995,1999)的开拓性研究以来,很多文献开始利用微观企业数据对出口行为进行考察,并大都发现出口企业生产率较非出口企业更高的现象。对此,除了"出口学习效应"的解释外,还出现了"自我选择效应"假说。自我选择效应假说认为,出口企业生产率更高可能是因为只有生产率较高的企业才会选择出口。Melitz(2003)构建了一个模型来阐述国际贸易中企业生产率的差异和出口决策行为之间的关系,为"自我选择效应"假说奠定了理论基础。在该模型中,每个拥有外生给定生产率的企业均面临着固定出口成本,也面临着内生的出口临界生产率水平,企业自身的生产率水平决定了其是否选择出口。对于追求利润最大化的企业而言,只有当生产率水平超过出口临界点,才能弥补出口的固定成本,获得利润。因而,生产率较高的企业能够承担海外营销的固定成本从而能够进入出口市场,生产率居于中游的企业将继续为本土市场生产,生产率最低的企业则最终会选择退出市场。自此,实证研究的焦点开始转向论证在微观数据中所观察到的出口企业生产率更高的现象是由"出口学习效应"导致的,还是由"自我选择效应"引起的。

大量的经验证据支持自我选择效应假说。Aw等(2000)采用韩国和中国台湾地区的制造业数据分析了企业全要素生产率与出口决定之间的关系,发现台湾企业进入出口市场体现了自我选择效应。Alvarez和Lopez(2005)利用智利1990~1996年的企业数据验证了开始从事出口的企业的劳动生产率和全要素生产率都高于非出口企业的事实。ISGEP(2007)对14个国家的跨国比较研究也证明了自我选择效应的存在。然而,关于出口学习效应的经验结论仍不清晰(Bernard 等,2007;De Loecker,2007;Greenaway 和 Kneller,2007)。有些文献支持存在出口学习效应（如 De Loecker，2007；Crespi，Criscuolo 和 Haskel，2006；Van Biesebroeck，2006），有些研究则没有发现生产率进步是出口的结果（如 Bernard 和 Jensen，1999；Clerides，Lach 和 Tybout，1998）。

关于出口学习效应假说的经验结论不一致的原因可能是，出口对不同类型企业的影响不一样，如 Du 等（2012）利用中国工业企业数据进行的实证分析发现，外商企业的出口对其生产率并没有显著的影响，但内资企业的生产率却由于出口得到显著提升。也有可能出口学习效应与出口商品特征有关。如 Cuaresma 和 Worz（2005）便探讨了技术密集型行业的贸易使生产率提高的途径，并利用1981~1997年期间发展中国家33个工业行业的样本发现，相对于低技术商品的出口，高技术商品出口更有利于增长。出口学习效应还有可能与出口目的地特征有关，如 De Loecker（2007）基于1994~2000年斯洛伐利亚微观企业数据的实证研究发现，出口到高收入国家的企业生产率增长更多。

事实上，很多研究发现不同目的地对出口国的影响不一样。Milner 和 Tandrayen（2006）利用撒哈拉以南非洲国家的企业数据发现，出口到其他非洲国家有利于提高出口企业技术工人的工资升水，但出口到非洲以外的国家却使出口企业技术工人的工资低于非技术工人工资。Graner 和 Isaksson（2009）利用肯尼亚的数据比较了南南贸易和南北贸易中的学习效应，得到了出口的学习效应仅存在南南贸易中的结论。Balianoune-Lutz（2010）发现出口到OECD国家对非洲经济增长有显著为正的影响，但与中国的贸易并没有提高其经济增长的水平。基于爱尔兰的数据，Stockholm（2011）发现出口到高环境标准的国家的企业耗费能源会更少，从而有利于改善出口国的环境；以阿根廷的工业企业为样本，Brambilla 等（2012）分析了不同收入的目的地对出口企业使用技术工人的影响。

第五节　简要述评

基于以上文献回顾，我们可以发现，在有关集聚的研究方面，大多数研究主要以制造业集聚为研究对象,考察制造业集聚存在性、变动情况及形成机制。对于出口企业,这类参与国际竞争的企业集聚关注则较少。在众多研究集聚形成机制的实证文献中,大都研究的是溢出效应在集聚形成中的贡献,而且基本上都考察的是行业内部溢出的影响;在有关国际贸易和产业集聚的研究方面,尽管对国际贸易如何影响产业集聚和产业集聚如何影响国际贸易的理论和实证文献很多,但这些文献主要考察的是集聚与国际贸易规模间的关系,有关集聚与出口目的地分布之间关系则较少涉及;在国际贸易和出口获益研究方面,虽然有很多研究,但关于出口目的地的特征如何影响出口获益的研究却不多见,尤其是以中国为样本的研究更为稀缺。鉴于此,我们认为还有如下问题值得继续研究:

第一,出口在国内集聚、出口目的地集聚和双重集聚的存在性。改革开放以来,中国对外贸易飞速增长,成为推动经济增长的重要力量,使出口成为研究中的热点问题。另一方面,集聚也是中国经济快速发展过程中的一个突出现象,引起了学者们的广泛关注。但关于出口集聚的存在性,以及出口国内集聚与出口目的地集聚之间的关系却鲜有学者提及。

第二,垂直行业集聚的溢出效应及集聚溢出效应的异质性。上、下游行业之间有着紧密的联系,上游行业集聚有可能对下游行业的企业存在溢出,下游行业集聚也可能对上游行业的企业产生影响,成为集聚区形成的重要原因。此外,不同所有制企业受集聚的影响可能存在差异。同时,不同所有制企业集聚的影响也可能不同。

第三,出口目的地集聚和双重集聚的形成机制。中国出口目的地集中是中国对外贸易快速发展过程中的一个重要特征,但现有关于这个特征的研究大都停留在事实描述上,少数关于这一特征形成原因的研究也都是从政策、出口商品特征等方面进行的,基于国内集聚视角的研究几乎没有。但基于这一视角进行的解释却有可能有新的发现和新的政策启示。

第四,出口目的地特征对企业技术升级的影响。尽管出口对企业技术升级的影响是研究中的热点话题,但大多数研究并没有将出口目的地特征纳入考察之中。但很多研究却发现目的地地不同,出口国的增长率、出口企业所支付的工资等也存在很大差异。因此,出口目的地特征有可能影响企业从出口中的获益,从而影响其技术升级。

第三章 中国出口双重集聚的现象描述

第一节 引言

集聚是中国经济发展过程中呈现出的重要特征。很多学者对中国行业集聚现象进行了测度。最初的研究主要集中在对制造业集聚的衡量上,如梁琦(2004)利用基尼系数计算了中国24个二位数制造业部门在1994年、1997年和2000年的集聚程度,发现整体而言,中国制造业集聚呈现上升的趋势;白重恩(2004)基于就业和产值的数据构造了1985~1997年间29个省区32个行业的数据集,发现中国区域专业化程度在考察的样本期间内有相当大程度的提高;路江涌和陶志刚(2005)利用EG指数对中国制造业行业区域集聚程度进行衡量的结果表明,整体上,中国制造业行业区域集聚程度处于上升阶段。

随着服务业的发展,经济从"工业经济"向"服务经济"转变以及社会分工的发展和专业化水平的提高,服务业特别是生产性服务业通过外包形式逐渐从原来的制造业职能中分离出来,使得服务业的区位分布情况也出现了一些变化。近年来,很多学者也对中国生产性服务业的集聚情况进行了研究。如程大中和黄雯(2005)利用LQ指数、RCA指数和K-spec指数,对中国服务业及其分部门的区位分布与地区专业化做了探讨,得到的结论包括:地质勘查与水利管理业主要集中于西部和中部地区;整体服务业、交通运输仓储及邮电通信业、批发零售贸易及餐饮业、金融保险业、房地产业、社会服务业都相对的集中于东部地区。在1999~2002年期间,地质勘查与水利管理业、交通运输仓储及邮电通信业、卫生体育和社会福利业的地区专业化程度基本保持不变,整体服务业、批发零售贸易及餐饮业、房地产业、社会服务业的地区专业化程度在缓慢提升,金融保险业的地区专业化程度呈现出快速提升的特点。其他服务业,如教育文化艺术及广播电影电视业、科学研究和综合技术服务业事业、国家机关政党机关和社会团体的专业化程度则不断下降。陈建军等(2009)利用中国222个地级以上城市横截面数据进行的实证分析发现,中国服务业集聚主要呈现出两大特征:第一个特征是以交通运输、仓储和邮政业、信息传输、计算机服务和软件业、房地产、租赁和商务服务业及科学研究、技术服务和地质勘查业为代表的生产性服务业的集聚程度较高;第二个特征是以批发零售业和住宿餐饮业等消费性和公共性服务业为代表的行业集聚程度较低,且呈现出降低的趋势。也有学者仅对服务业行业中的某个行业集聚情况进行了研究,如茹乐峰等(2014)通过对2010年286个地级以上中心城市相关数据进行分析,并借助GIS空间分析技术的研究表明,中国金融集聚最为显著的区域集中在长三角、京津冀和珠三角地区,上海、北京、天津、广州、深圳构成了全国性金融集聚服务中心城市。

在出口方面,有些学者考察了中国出口市场的分布情况。华晓红(2005)考察了中国出口市场多元化战略,发现经过多年的发展,中国贸易伙伴国尽管有所增加,但集中程度仍较高。赵英姿(2009)考察了金融危机后中国出口市场的变化趋势,发现中国主要出口市场并没有太大变化,最大的市场仍然是美国。杨长湧(2010)利用集中度和分散度指数考察了20世纪90年代初提出并实施的出口市场多元化战略的成效,发现了与华晓红相似的结论,即尽管该战略取得了一定的成效,但中国出口市场仍然十分集中。

尽管对于行业集聚程度度量的文献很多,考察出口市场集中的研究也不少,但到目前为止,还鲜有学者探讨中国出口在国内集聚情况及国内和国外同时集聚的情况,本章的研究则弥补了这一不足。本章主要通过贸易数据来说明中国出口存在双重集聚的现象,为后面章节的进一步分析奠定现实基础。第一节在总结已有研究的基础上,描述了本书使用的衡量集聚的指标;第二节利用中国统计年鉴以及中国海关数据库,考察了中国出口在国内集聚情况。同时也分别考察了加工贸易、一般贸易、外资企业和内资企业出口在国内集聚的程度,以此说明政策只是影响出口在国内集聚的部分原因;利用同样的数据,第三节考察了中国出口在目的地的集聚情况,也进一步分析了不同贸易方式、不同所有制企业以及不同行业在出口目的地的集聚;第四节通过出口前五大省市的前十大出口目的地在相应省市出口中所占份额的平均值,证明了中国出口存在双重集聚的特征。

第二节 集聚的衡量指标

一、集中率

在衡量集聚程度的所有指数中,最简单易行的就是集中率。该指标是借用产业组织分析中市场集中度的思想来衡量地理集中的现象,可以对集聚程度进行初步的反映。Black 和 Henderson(1999)曾利用该指数对美国城市结构变迁与产业集聚程度的演变进行了考察。集中率的传统定义为,在某行业的空间分布格局中,规模最大的前几个地区在全国所占的总份额。计算公式可表示为:

$$CR_{n,k} = \sum_{i=1}^{n} S_{i,k}, \text{其中} \quad S_{i,k} = \frac{x_i^k}{\sum_{i=1}^{N} x_i^k} \quad (3.1)$$

式中,k 代表所关注的某个行业,根据研究目的,也可以是某些行业;N 为全国的地区总数;n 是根据研究需要所确定的地区数,一般取 1、3、5、10 等值,即规模最大的、规模前三、前五、前十的地区。x 代表规模,一般为销售额、就业或产值。该指标的最大特点是直接指出了该产业的地理集中程度。其优点是对数据要求较低,计算便捷,含义也很直观,并且把产业的集中度指向具体的地区。

基于集中度公式的思想,可以利用类似的指标来衡量中国出口在生产地的集中程度和在出口目的地的集中程度。具体而言,类比公式(3.1),出口在生产地或目的地的集中程度可以表示为:

$$MR_n = \sum_{i=1}^{n} \frac{export_i}{\sum_{i=1}^{N} export_i} \quad (3.2)$$

式中,export为出口额;当 MR 用来衡量出口在生产地集中程度时,N 和 n 的含义同前面一样;当 MR 用来衡量出口在目的地集中程度时,N 表示世界的国家数,n 则是出口额最大的前 n 个目的地。

二、赫芬达尔系数

赫芬达尔-赫希曼系数(Herfindahl-Hirschman Index,HHI)简称为赫芬达尔系数,也是产业经济学中衡量市场结构的一个主要指标。其标准的计算公式为:

$$HHI_k = \sum_{i=1}^{N} s_{i,k}^2 \text{,其中} s_{i,j} = \frac{x_{i,k}}{\sum_{i=1}^{N} x_{i,k}} \quad (3.3)$$

式中,i 和 k 分别代表的是地区和行业。x 可以为某地区某产业的就业人数、产值或工业增加值等。这一指标在不考虑地区规模的情况下,从反面反映了经济活动地理分布的绝对集中度。当某产业在各地区均匀分布时,该系数的值等于 1/N,即表明产业的空间分布绝对平均;当某产业完全集中在某一地区时,该系数的取值为 1。

为了便于理解,在实证研究的文献中,很少直接用该系数衡量集聚,更多的是用该系数的倒数作为衡量产业集聚的一个指标。

根据赫芬达尔系数的思想,该指标也可以用来衡量出口在生产地的集聚和在目的地的集聚,具体计算公式表示如下:

$$HHI = \sum_{i=1}^{N} \left(\frac{export_i}{\sum_{i=1}^{N} export_i} \right)^2 \quad (3.4)$$

式中,export 为出口额;当 HHI 用来衡量出口在生产地集聚时,N 表示国家的地区数;当 HHI 用来衡量在出口目的地的集聚时,N 则表示贸易伙伴的数量。

三、Hoover地方化系数

不管是集中率还是赫芬达尔系数,都只是测度单一产业的空间地理分布,而没有与其他经济活动相对比,衡量的是所考察对象地理集中的绝对水平。Hoover地方化系数则较好的解决了这一问题。Hoover地方化系数最早由Hoover(1936)提出,是用来衡量某行业在各区域间集聚程度的常用指标。用该系数来衡量行业的集聚程度时,首先需要计算区位商,即s_i^k/s_i。其中s_i^k为地区i的k行业在全国k行业(销售额、就业或产值)中所占的份额;s_i为地区i的所有行业(销售额、就业或产值)在全国所占份额。然后将行业k在各地区(销售额、就业或产值)的累积百分比绘制在Y轴上,同时将各地区(销售额、就业或产值)的累积百分比绘制在x轴上,由此得到了行业k的区域集聚曲线。如果行业k在地区间均匀分布,那么该行业在各地区的区位商都为1,同时该行业的区域集聚曲线将是一条从原点出发的45度射线。相反,行业k在各地区比例相差越大,则该行业的区域集聚曲线也就越凹。Hoover地方化系数定义为45度直线和行业的区域集聚曲线所围成区域面积与曲线所在三角形面积的比值,其取值范围是[0,1]。值越大表示行业的区域集聚程度越高。

按照计算产业集聚程度的思路,Hoover地方化系数也可以用来计算出口在生产地的集聚程度和出口目的地家的集聚程度。若定义s_i^k为地区i出口在全国出口中所占份额,其他变量的定义及计算步骤都保持不变,则得到的Hoover地方化系数可以看做是出口在生产地的集聚程度。若定义s_i^k为对k国的出口在本国总出口中所占比重,定义s_i为k国的出口在世界出口中所占份额,按上述步骤计算得到的Hoover地方化系数则可以用来衡量出口目的地的集聚程度。

不管是集中率、赫芬达尔系数还是Hoover地方化系数,从计算公式可以看出,这些指标都是在产业水平或地区水平上进行构建,没有考虑企业规模分布对集聚的影响,基本剔除了企业层面的信息。因而,计算这些指标只需要行业或地区层面的数据。

上述三个指标也存在其自身的缺陷。集聚往往是两个因素共同作用的结果:第一个因素是产业中企业规模的分布情况,即产业的市场集中度;第二个是产业中企业的区域分布情况,即产业的地理集中度。如果第一种情况引致的产业集聚测度指标很高,那么产业集聚可能只是一家或几家垄断企业定位于某一地区导致的,这种缘于企业规模引致的产业集聚更多地来自企业内部(如生产的规模报酬递增)。与之相对,源于第二种情况的产业集聚,则是大量企业定位于同一地区的特征,形成这种集聚的原因是所谓的"外部因素",如区域的自然条件、产业的技术外溢、当地的需求和投入产出联系等。不幸的是,上述这些指标对这两种情况不能有效的识别。这是在利用集中率、赫芬达尔系数和Hoover地方化系数进行衡量集聚程度时需要注意的。

四、EG指数

Ellison和Glaeser(1997)从企业利润最大化的假设出发,研究企业区位选择的影响以及在此过程中的集聚趋势,并构建了Ellision-Glaeser指数(简称EG指数)来测度产业分布的集聚程度。EG指数不仅控制了区域规模对产业集聚程度的影响,也剔除了产业的市场集中度对产业集聚程度的影响,并且使得计算结果在行业间、地区间和时间上的可比性更强,因而在现有研究中被广泛运用。

假设 k 代表省,r 为 k 省下面的行政区域单位,则EG指数的其计算公式为:

$$\gamma_{jk} = \frac{\sum_{r \in k}(s_{jr}-x_r)^2 - \left(1-\sum_{r \in k}x_r^2\right)\sum_{i \in j,k}z_i^2}{\left(1-\sum_{r \in k}x_r^2\right)\left(1-\sum_{i \in j,k}z_i^2\right)} = \frac{G_{jk}-\left(1-\sum_{r \in k}x_{rt}^2\right)H_{jk}}{\left(1-\sum_{r \in k}x_r^2\right)(1-H_{jk})} \quad (3.5)$$

其中,S_{jr} 是区域 r 行业 j 的就业人数占该行业在 k 省就业总人数的比重;x_r 为区域 r 就业人数在 k 省就业总人数中所占的比重;$G_{jk}=\sum_{r \in k}(s_{jr}-x_r)^2$ 是 k 省行业 j 的基尼系数;z_{ij} 是行业 j 企业 i 的职工人数占本行业在 k 省就业总人数的比重;$H_{jk}=\sum_{r \in j,k}z_i^2$,是行业 j 在地区 k 的赫芬达系数。

EG指数综合考虑了总就业(反映最终需求的分布情况)和产业集中度因素,通过引入赫芬达尔系数,对集中系数进行矫正,剔除企业在布局过程中以市场接近为导向的行为产生的所谓集聚。EG指数的计算并不复杂,但是对于数据的要求比较高,需要细致到企业层面。

在没有自然资源或者产业内溢出等促进产业集聚的因素存在时,企业布局表现出随机分布的特征,那么EG指数趋向于零。如果EG指数大于零,则说明产业分布是相对集聚的,而当EG指数为负值时则表示过度分散。对于产业集聚程度的高低,Glaeser等人提出了一条经验标准,即当EG指数小于0.02表示产业集聚不明显;在0.02~0.05间说明产业集聚显著;大于0.05意味着产业高度集聚。

值得注意的是,无论采用什么指标,都涉及两个基本问题:一是行业加总水平的选择;二是地理单元大小的选择。行业是指从事相同性质的经济活动的所有单位的集合,它是介于微观经济单位(企业和家庭)与宏观经济单位(国民经济)之间的一个中观概念。在统计上,一般都是根据产业分类对个行业的情况进行统计,国际上通行的产业分类是标准产业分类(Standard Industrial Classification,简称 SIC)。在中国,统计上对行业的分类都是基于《国民经济行业分类和代码》。该分类体系于1985年制定,之后进行了多次调整,它将经济活动划分为门类、大类、中类和小类四级,分别用阿拉伯数字进行编码。从而,计算时可以在1位码、2位码、3位码和4位码上进行加总。在空间层面,区域经济学家通常在同质性和功能性原则下界定区域。在中国,区域一般根据行政单位划分为省(自治区、直辖市)、市(自治州、自治县)、县、乡、村镇。如2013年,全国共有34个省级行政区(其中4个直辖市、23个省、5个自治区、2个特别行政区),333(不含港澳台)个地级行政区划单位(其中:286个地级市、14个地区、30个自治州、3个盟),2853(不含港澳台)个县级行政区划单位(其中:872个市辖区、386个县级市、1442个县、117个自治县、49个旗、3个自治旗、1个特区、1个林区),40497个乡级行政区划单位和662238个村级行政单位。各行政区划都用行政区划代码进行编排和统计。但除了企业数据外,公开数据大都是在省级区域水平上。在本章及本书后面的分析中,主要根据数据的可获得性和研究的需要,对指标、行业和地区范围进行选择。

第三节 出口国内集聚的现象

一、出口国内集聚的总体情况

首先,我们根据集中率的定义,在省级层面,计算前五和前十大省市的出口额在中国总出口额中所占份额之和。2001~2012年前五和前十大省市的出口额份额之和的情况分别如图3-1和3-2所示。[①]从图3-1中可以看到,在所考察的年份里,前五大省市的出口额份额之和都超过了70%。最高为78.16%,最低也有73.20%,平均是75.39%。从图3-2可以看出,在2001~2012年间,前十大省市的出口份额之和在90%左右。这意味着,在中国,出口主要是由这十大省市完成的。因此,从出口规模的视角来看,中国出口在国内表现出较高的集聚特征。

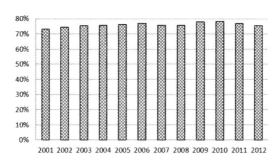

图3-1 中国前五大出口省市占比

数据来源:国家统计局网站

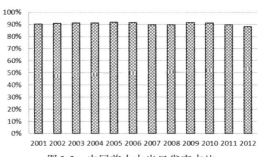

图3-2 中国前十大出口省市占比

数据来源:国家统计局网站

[①] 本书中仅考察中国大陆的情况。

表3-1详细列示了前十大出口的省市及各省市在当年出口总额中所占份额。从表中可以看出，2001~2012年期间，尽管内部排名有稍许变化，但前十大出口省市基本保持不变，分别为广东省、江苏省、上海市、浙江省、山东省、福建省、辽宁省、天津市、北京市和河北省。仅到了2012年，河南省取代北京市，跻身于出口前十位。在这些出口排名前十位的省市中，前五位省市又占有绝对高的份额，尤其是排名第一的广东省，在很多年份，其所占份额是排名第二的江苏的近两倍之多。在地理位置上，出口额最多的省份呈现出一个共同特征，即大都是处于沿海地区。

表3-1 中国前十大出口省市及占比

2001年		2002年		2003年		2004年		2005年		2006年	
名称	份额	名称	份额	名称	份额	名称	份额	名称	份额	名称	份额
广东	36.00%	广东	36.58%	广东	35.08%	广东	32.43%	广东	31.63%	广东	31.53%
江苏	11.04%	江苏	11.98%	江苏	13.60%	江苏	14.84%	江苏	16.35%	江苏	16.82%
上海	10.09%	浙江	9.69%	上海	10.46%	上海	11.75%	上海	11.36%	上海	11.20%
浙江	9.12%	上海	9.52%	浙江	10.13%	浙江	10.31%	浙江	10.70%	浙江	11.10%
山东	6.94%	山东	6.60%	山东	6.32%	山东	6.27%	山东	6.26%	山东	6.23%
福建	5.56%	福建	5.65%	福建	5.36%	福建	5.15%	福建	4.72%	福建	4.31%
辽宁	4.04%	辽宁	3.70%	辽宁	3.43%	天津	3.45%	天津	3.42%	天津	3.37%
天津	3.33%	天津	3.40%	天津	3.16%	辽宁	3.30%	辽宁	3.24%	辽宁	2.93%
北京	2.97%	北京	2.56%	北京	2.27%	北京	2.21%	北京	2.41%	北京	2.57%
河北	1.30%	河北	1.28%	河北	1.36%	河北	1.64%	河北	1.58%	河北	1.57%

数据来源：国家统计局网站

表3-1(续) 中国前十大出口省市及占比

2007年		2008年		2009年		2010年		2011年		2012年	
地名	份额	地名	份额	地名	份额	地名	份额	地名	份额	地名	份额
广东	28.74%	广东	28.74%	广东	30.16%	广东	29.61%	广东	29.67%	广东	31.05%
江苏	17.14%	江苏	17.14%	江苏	17.26%	江苏	17.84%	江苏	17.09%	江苏	16.31%
浙江	11.75%	浙江	11.75%	浙江	12.29%	浙江	12.74%	浙江	12.59%	浙江	11.94%

上海	11.22%	上海	11.22%	上海	11.32%	上海	10.98%	上海	10.46%	上海	9.45%
山东	6.76%	山东	6.76%	山东	6.88%	山东	6.99%	山东	7.08%	山东	6.64%
福建	3.91%	福建	3.91%	福建	4.25%	福建	4.22%	福建	4.25%	福建	4.34%
辽宁	2.95%	辽宁	2.95%	辽宁	2.72%	辽宁	2.72%	辽宁	2.69%	辽宁	2.56%
天津	2.90%	天津	2.90%	天津	2.53%	天津	2.39%	天津	2.37%	天津	2.39%
北京	2.43%	北京	2.43%	北京	2.43%	北京	1.95%	河北	1.89%	河北	1.82%
河北	2.04%	河北	2.04%	河北	1.60%	河北	1.77%	北京	1.67%	河南	1.56%

数据来源：国家统计局网站

出口集中在沿海省份的事实意味着中国出口在国内的集聚可能与对外开放政策有一定的关系。20 世纪 80 年代以来，为了实施改革开放，更好地利用两个市场和两种资源，根据中共中央、国务院的批准，先后设立了深圳、珠海、汕头、厦门和海南经济特区。之所以称为特区，是因为：首先，这些地区拥有不同于内地的经济管理体制。主要表现为：特区的经济所有制结构是社会主义经济领导下的国营企业、集体所有制企业、私营企业和外商投资企业等多种经营成分并存的综合体；特区的经济活动充分发挥市场经济的作用，方式灵活。灵活的经济管理体制吸引了一大批企业到特区投资建厂。其次，经济特区对内资企业实行特殊的经济政策。特区的经济活动充分发挥市场经济的作用，方式灵活；国内其他地区的单位和企业到特区投资办厂，或与特区当地企业及外商开展多种形式的经济技术合作的生产性企业，可以享受按15%的税率缴纳企业所得税的优惠；税后利润如果汇往内地按20%税率补税；从获利年度起5年内如将税后利润留在特区再投资不需补税。特区内企业自产产品和自用生产资料及办公用品也可按规定享受关税优惠。这些政策不仅刺激了企业在特区建厂生产，同时也促进了在特区的内资企业的出口。此外，经济特区对前来投资的外商提供了许多优惠待遇。在经济特区内开办的中外合资经营、中外合作经营、外商独资经营的生产、科技型企业，从事生产、经营所得和其他所得，按15%的税率征收企业所得税。其中，经营期在10年以上的，经企业申请、市税务机关批准，从开始获利的年度起，第一年和第二年免征所得税，第三年至第五年减半征收所得税。按照国家规定减免企业所得税期满后,凡被确认为产品出口的企业,当年出口产品产值达到当年企业产品产值70%以上的,按10%的税率缴纳企业所得税;凡被确为先进技术企业的,可延长3年减半缴纳企业所得税。

经济特区对外商投资企业的优惠政策吸引了大量外资企业,成为中国出口在沿海城市集聚的一个重要原因。70年代后期,"文化大革命"结束后,经济百废待兴,一方面国家急需外汇,扩大出口,但是缺少出口货源;另一方面,工厂设备大量闲置,产品不适应国际市场需要。与此同时,国际上发达国家,生产成本提高,消费受到抑制,企业纷纷寻找降低成本的出路和途径。在这种背景下,加工贸易在中国悄然发展,逐渐成为中国对外贸易的重要方式。如表3-2所示,以加工贸易方式进行的出口占比自1995年以后超过了50%,在1998和1999年甚至高达57%,而从事加工贸易的又主要是外商企业。表3-3列出了一般贸易和加工贸易中外资企业和其他所有制企业的比重。在1992年,外资企业占全部一般贸易进出口额的比重仅为5%,却占到加工贸易出口额的39%和进口额的45%。到2006年,外资企业已经占到加工贸易出口的84%和进口的85%。

表3-2 中国按照一般贸易和加工贸易划分的进出口　　　　　10亿美元,%

年份	10亿美元				占进口或者出口的比重			
	出口		进口		出口		进口	
	一般	加工	一般	加工	一般	加工	一般	加工
1992	43.7	39.6	33.6	31.5	0.51	0.47	0.42	0.39
1993	43.2	44.2	38.0	36.4	0.47	0.48	0.37	0.35
1994	61.6	57.0	35.5	47.6	0.51	0.47	0.31	0.41
1995	71.4	73.7	43.4	58.4	0.48	0.50	0.33	0.44
1996	62.8	84.3	39.4	62.3	0.42	0.56	0.28	0.45
1997	78.1	99.7	39.0	70.2	0.43	0.55	0.27	0.49
1998	74.2	104.4	43.7	68.6	0.40	0.57	0.31	0.49
1999	79.2	110.9	67.0	73.6	0.41	0.57	0.40	0.44
2000	105.2	137.6	100.1	92.6	0.42	0.55	0.44	0.41

2001	111.9	147.4	113.5	94.0	0.42	0.55	0.47	0.39
2002	136.2	179.9	129.1	122.3	0.42	0.55	0.44	0.41
2003	182.0	241.8	187.7	162.9	0.42	0.55	0.45	0.39
2004	243.6	328.0	248.2	221.7	0.41	0.55	0.44	0.39
2005	315.1	416.5	279.7	274.0	0.41	0.55	0.42	0.42
2006	416.3	510.4	333.2	321.5	0.43	0.53	0.42	0.41

数据来源：鞠建东、余淼杰，《全球贸易中的中国角色》，北京大学出版社，2013年版

表3-3 中国按照外资企业和其他所有制类型企业划分的进出口
（在一般贸易和加工贸易的进出口中的比例）

| 年份 | 一般 | | | | 加工 | | | |
| | 一般 | | 加工 | | 一般 | | 加工 | |
	外资	其他	外资	其他	外资	其他	外资	其他
1992	5%	95%	39%	61%	5%	95%	45%	55%
1993	9%	91%	48%	52%	6%	94%	53%	47%
1994	7%	93%	54%	46%	5%	95%	59%	41%
1995	6%	94%	57%	43%	12%	88%	63%	37%
1996	12%	88%	63%	37%	17%	83%	67%	33%
1997	13%	87%	64%	36%	22%	78%	68%	32%
1998	14%	86%	66%	34%	22%	78%	70%	30%
1999	16%	84%	67%	33%	25%	75%	72%	28%
2000	19%	81%	71%	29%	26%	74%	74%	26%
2001	22%	78%	72%	28%	27%	73%	75%	25%
2002	23%	77%	75%	25%	27%	73%	77%	23%
2003	24%	76%	79%	21%	29%	71%	81%	19%
2004	26%	74%	81%	19%	29%	71%	83%	17%
2005	27%	73%	83%	17%	29%	71%	84%	16%
2006	28%	72%	84%	16%	32%	68%	85%	15%

数据来源：鞠建东、余淼杰，《全球贸易中的中国角色》，北京大学出版社，2013年版

但中国出口在国内的集聚是否完全是由政策导致的,需要进一步对不同贸易方式和不同所有制出口企业在国内集聚进行深入分析才能做出判断。由于在公开的数据中,没有各地区不同所有制企业以及不同贸易方式参与国际贸易的统计,所以只能借助于中国海关数据库。该数据库是由中国海关统计并维护,目前能获得的年份是2000~2006年。数据库中详细记录了每个进出口企业在HS八位码产品层面上的信息,包括进出口商品的价格、数量、贸易额、各企业不同商品出口的目的地、贸易方式、所在地、企业所有制等信息。

二、加工贸易方式和一般贸易方式出口国内集聚情况

在中国海关数据库中,贸易方式被划分为十七种,分别是:一般贸易、来料加工装配贸易、进料加工贸易、国家间和国际组织无偿援助和赠送的物质、保税仓库进出口境货物、对外承包工程出口货物、其他境外捐赠物质、易货贸易、免税外汇商品、边境小额贸易、外商投资企业作为投资进口的设备和物品、寄售和代销贸易、租赁贸易、补偿贸易、出料加工贸易、保税区仓储转口贸易以及其他。其中,"来料加工装配贸易""进料加工贸易"和"出料加工贸易"统称为"加工贸易"。一般贸易和加工贸易是中国对外贸易最重要的两种方式。据统计,一般贸易和加工贸易的出口额在中国历年总出口额中所占比重都超过了95%,有的年份甚至达到98%。

这里,首先按照贸易方式,将各省市各企业的加工贸易出口额和一般贸易出口额进行加总,然后计算各省市加工贸易出口额在全国加工贸易出口额中所占的份额,以及各省市一般贸易出口额在全国一般贸易出口额中所占的份额,最后将所有省市所占份额进行排序,并对前五大省市所占份额进行加总。历年加总的结果如图3-3所示。从图中可以看出,前五大省市加工贸易出口额历年占比都超过了83%,表现出较高的集聚程度。与此同时,前五大省市一般贸易出口额历年占比较加工贸易出口额占比低,但自2001年起,也都超过了60%。这意味着,中国出口的国内集聚,不仅仅是由政策引起的,还存在其他因素的影响。

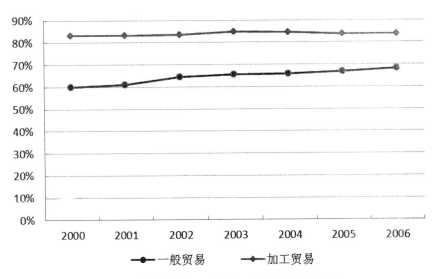

图 3-3 一般贸易和加工贸易出口的前五大省市占比

表3-4详细列示了历年加工贸易出口额最多的前五大省市的地名及占比情况。从表中给出的信息可以得到以下几个结论：首先，在样本期间，加工贸易出口最多的省市基本保持不变。在2000~2004年，广东、上海、江苏、山东、福建是加工贸易出口最多的五个省市。2005年，天津取代了福建成功跻身于前五位。2006年，浙江又取代了天津。总的来说，加工贸易出口最多的省市集中在沿海地区；其次，以加工贸易方式出口最多的广东省，在全国加工贸易出口总额中所占比重曾经一度超过了50%，是排名第二省份的近5倍；最后，以加工贸易方式出口最多的广东省所占份额呈逐年下降的趋势，而排名第二的省份所占份额则出现上升的势头。

表3-4 加工贸易下前十大出口省市及占比

2000		2001		2002		2003		2004		2005		2006	
地名	份额	地名	份额	地名	份额	地名	份额	地名	份额	地名	份额	地名	份额
广东	52.15%	广东	51.74%	广东	51.78%	广东	48.86%	广东	44.40%	广东	42.05%	广东	40.85%
上海	10.74%	上海	10.65%	江苏	11.81%	江苏	15.13%	江苏	17.35%	江苏	19.62%	江苏	20.81%
江苏	9.92%	江苏	10.31%	上海	9.66%	上海	11.43%	上海	13.03%	上海	12.41%	上海	12.50%
山东	5.81%	山东	6.02%	山东	5.62%	山东	5.12%	山东	5.29%	山东	5.46%	山东	5.36%
福建	4.61%	福建	4.51%	福建	4.64%	福建	4.40%	福建	4.44%	天津	4.28%	浙江	4.40%

数据来源:中国海关数据库(2000~2006)

表3-5是历年以一般贸易方式进行出口的规模最大的前五大省市的地名及占比情况。尽管从前五位的集中度来看,一般贸易方式出口的集聚程度和加工贸易方式出口的集聚程度相差不大,但一般贸易方式出口的国内集聚却呈现出不同于加工贸易方式出口的国内集聚的特征。这主要表现为:第一,一般贸易方式出口的前五位省市所占份额之和呈上升的趋势。2000年前五位省市出口份额之和为59.95%,但2006年该比重增加到了68.18%。但在此期间,加工贸易方式出口的前五大省市份额之和基本保持不变。第二,一般贸易方式出口的前五大省市所占份额差额较小,如排名第一的省市所占份额仅比排名第二的省市所占份额高2个百分点左右。但加工贸易方式出口排名第一的省市所占份额却比排名第二的省市高出几十个百分点。第三,尽管一般贸易方式出口最多的省市也是位于沿海地区,但却与加工贸易方式出口最多的省市并不完全重合。

表3-5 一般贸易下前十大出口省市及占比

2000		2001		2002		2003		2004		2005		2006	
地名	份额	地名	份额	地名	份额	地名	份额	地名	份额	地名	份额	地名	份额
广东	16.58%	浙江	16.25%	浙江	17.82%	浙江	18.79%	浙江	19.20%	浙江	19.10%	广东	19.21%
浙江	14.64%	广东	14.69%	广东	15.94%	广东	16.03%	广东	15.59%	广东	16.91%	浙江	18.57%
江苏	11.51%	江苏	12.15%	江苏	12.61%	江苏	12.34%	江苏	12.51%	江苏	12.89%	江苏	12.76%

上海 9.67%	上海 9.85%	上海 10.07%	上海 10.66%	上海 11.22%	上海 10.74%	上海 10.40%
北京 7.54%	山东 8.13%	山东 7.99%	山东 7.69%	山东 7.39%	山东 7.33%	山东 7.24%

数据来源：中国海关数据库（2000~2006）

三、外资和内资出口国内集聚情况

多种所有制并存是中国经济的重要特征。中国海关数据库中也详细记录了各进出口企业的所有制类型，包括中外合资企业、中外合作企业、外商独资企业，国有企业、集体企业、私营企业和其他。根据通常的做法，将中外合资企业、中外合作企业和外商独资企业都看做外资企业，而国有企业、集体企业和私营企业则统称为内资企业。同样以前五大省市所占份额来度量集聚程度，两类企业出口的集聚程度如图3-4所示。从图中可以看出，不管是内资企业出口还是外资企业出口，都表现出在国内较高的集聚程度。其中，外资企业的出口主要集中在前五大省市，占全部外资企业出口份额（样本期间）的平均值为80.14%。内资企业出口的前五大省市所占份额尽管历年来都低于外资企业，但样本期间的平均值也有67.93%。这一事实再次说明，中国出口的国内集聚并不完全是由于政策因素导致的。

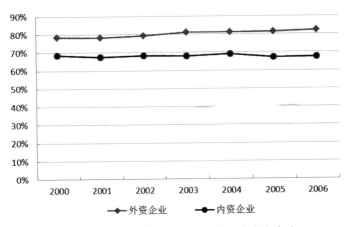

图3-4 外资和内资企业出口的前五大省市占比

数据来源:中国海关数据库(2000~2006)

表3-6和表3-7分别是外资企业和内资企业历年出口前五大省市的地名及占比情况。根据表中给出的信息可以看出,不管是外资企业还是内资企业,出口最多的都是广东省。此外,不管是内资企业还是外资企业,出口最多的省份所占份额都远远高于排名第二的省份所占份额。与此同时,也可以看到,内资企业出口最多的前五大省市在2000~2006年间基本上保持不变,都是广东、浙江、江苏、上海和山东。而对于外资企业,2000~2003年间,出口最多的前五大省市依次是广东、江苏、上海、山东和福建。但自2004年起,出口最多的前五大省市和内资企业一样,变成了广东、江苏、上海、浙江和山东。

表3-6 外资企业前五大出口省市及占比

2000		2001		2002		2003		2004		2005		2006	
地名	份额	地名	份额	地名	份额	地名	份额	地名	份额	地名	份额	地名	份额
广东	40.44%	广东	40.52%	广东	40.97%	广东	39.68%	广东	36.04%	广东	34.82%	广东	34.40%
上海	12.39%	江苏	12.57%	江苏	14.27%	江苏	17.11%	江苏	19.22%	江苏	21.15%	江苏	21.93%
江苏	12.34%	上海	12.03%	上海	11.24%	上海	12.81%	上海	14.56%	上海	13.81%	上海	13.47%
山东	6.68%	山东	6.91%	山东	6.47%	山东	5.73%	浙江	5.78%	浙江	6.15%	浙江	6.70%
福建	6.53%	福建	6.22%	福建	6.17%	福建	5.60%	山东	5.44%	山东	5.37%	山东	5.46%

数据来源:中国海关数据库(2000~2006)

表3-7 内资企业前五大出口省市及占比

2000		2001		2002		2003		2004		2005		2006	
地名	份额	地名	份额	地名	份额	地名	份额	地名	份额	地名	份额	地名	份额
广东	34.03%	广东	31.06%	广东	31.37%	广东	29.03%	广东	28.20%	广东	26.25%	广东	26.67%
浙江	10.56%	浙江	11.80%	浙江	12.99%	浙江	14.43%	浙江	14.22%	浙江	15.58%	浙江	15.54%
江苏	8.71%	江苏	9.13%	江苏	9.14%	江苏	9.09%	上海	10.00%	上海	9.16%	上海	9.29%
上海	8.37%	上海	8.72%	上海	8.28%	上海	8.92%	江苏	9.85%	江苏	9.04%	江苏	9.08%
北京	6.72%	山东	6.67%	山东	6.50%	山东	6.46%	山东	6.70%	山东	7.07%	山东	6.88%

数据来源:中国海关数据库(2000~2006)

四、不同行业国内集聚情况

中国海关数据库中主要根据协调系统(Harmonized System,HS)进行统计。例如,HS 01011100是"纯种繁殖马匹",HS 50010010是"适于缫丝的桑蚕茧",HS 97060000是"超过一百年的古董"。根据Feenstra和Wei(2010),本章将HS码和行业的对应如下:

动物、食品—动物、蔬菜产品和食物(HS 01-24)

矿物、木材—矿物和木材加工产品,石料和玻璃(HS 25-27,44-49,68-71)

化工产品、塑料—化合物和相关行业,塑料和橡胶(HS 28-40)

纺织业—纺织产品、皮革和毛质产品(HS 41-43,50-63)

鞋帽—鞋类和头饰(HS 64-67)

金属制品—贱金属及其制品(HS 72-83)

机械、电子产品—机械和电子产品(HS 84-85)

交通工具——各种运输设备(HS 86-89)

杂项制品—相机、钟表、玩具、乐器、家具以及其他杂项(HS 90-92,94-96)

图 3-5 是 2000 年和 2006 年各行业出口前五大省市所占份额之和。从图中可以看出,尽管各行业出口的前五大省市所占份额最低也有 59.82%,但各行业集聚程度却呈现较大的差异。不管是 2000 年还是 2006 年,杂项制品的集聚程度都是最高的,该行业出口的前五大省市所占份额之和在这两年分别为 86.49%和 87.51%。2000 年集聚程度排名第二的是鞋帽行业,其次是机械和电子产品。2006 年,鞋帽行业的集聚程度有所下降,而机械和电子产品的集聚程度则上升,从而两个行业的排名位次出现了调换。在九个行业中,相对于 2001 年,集聚程度上升的有 6 个,分别是动物和食品行业、化工产品和塑料行业、纺织业、金属制品业、机械和电子产品业、杂项制品。

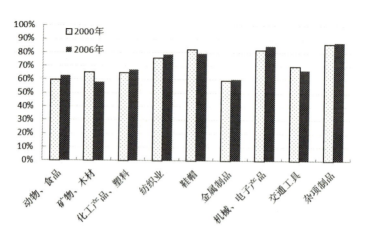

图 3-5 2000年和2006年各行业前五大出口省市占比
数据来源：中国海关数据库（2000、2006）

表3-8和3-9分别是2000年和2006年各行业出口前五大省市及占比的情况。表中的信息显示，除了动物和食品行业外，其他行业最大的出口省份都是广东。大多数行业出口前五位的省市都是位于沿海地区，如浙江、江苏、上海、山东、福建等。但矿物和木材行业、矿物和食品行业稍有例外。矿物和木材行业出口排名第二的省市在2000年和2006年都是北京，而矿物和食品行业出口排名第五的省市在2000年和2006年都是辽宁。此外，通过比较表3-8和表3-9可以发现，不管哪个行业，除了排名有所变化外，出口前五大省市基本保持不变。这在一定程度上说明，出口在国内呈现地理上固化的特征。

表3-8 2000年各行业前五大出口省市及占比

动物、食品	地名	山东	广东	浙江	福建	辽宁
	份额	18.46%	15.15%	9.66%	8.72%	7.83%
矿物、木材	地名	广东	北京	辽宁	山东	福建
	份额	28.86%	12.92%	10.58%	6.69%	6.37%
化工产品、塑料	地名	广东	江苏	上海	浙江	福建
	份额	26.55%	12.61%	9.89%	8.75%	7.24%

纺织业	地名	广东	浙江	江苏	上海	山东
	份额	26.86%	13.74%	13.64%	12.82%	9.05%
鞋帽	地名	广东	福建	山东	浙江	江苏
	份额	47.36%	16.20%	7.24%	6.15%	5.37%
金属制品	地名	广东	上海	江苏	浙江	北京
	份额	26.27%	12.19%	8.68%	6.75%	5.41%
机械、电子产品	地名	广东	上海	江苏	天津	浙江
	份额	49.58%	11.42%	11.26%	5.11%	4.62%
交通工具	地名	广东	上海	江苏	山东	北京
	份额	25.82%	18.72%	12.46%	6.63%	6.29%
杂项制品	地名	广东	江苏	上海	浙江	福建
	份额	56.22%	9.72%	8.01%	7.80%	4.74%

数据来源：中国海关数据库（2000）

表3-9　2006年各行业前五大出口省市及占比

动物、食品	地名	山东	广东	浙江	福建	辽宁
	份额	26.15%	12.46%	8.52%	7.95%	7.95%
矿物、木材	地名	广东	北京	山东	辽宁	上海
	份额	24.47%	9.64%	8.47%	8.02%	7.73%
化工产品、塑料	地名	广东	江苏	浙江	上海	山东
	份额	17.92%	15.92%	13.08%	11.14%	9.46%
纺织业	地名	广东	浙江	江苏	上海	山东
	份额	25.52%	20.43%	14.70%	9.64%	8.62%
鞋帽	地名	广东	福建	浙江	山东	江苏
	份额	36.20%	17.46%	14.50%	5.88%	5.36%
金属制品	地名	广东	江苏	上海	浙江	辽宁
	份额	18.47%	12.24%	12.11%	10.66%	7.12%
机械、电子产品	地名	广东	江苏	上海	浙江	天津
	份额	38.60%	21.14%	14.39%	6.28%	4.82%

	地名	广东	江苏	上海	浙江	山东
交通工具	份额	17.15%	15.15%	14.40%	12.08%	8.21%
杂项制品	地名	广东	江苏	浙江	上海	福建
	份额	44.38%	17.67%	11.73%	9.72%	4.03%

数据来源：中国海关数据库(2006)

第四节 出口目的地集聚的现象

一、出口目的地集聚的总体情况

新中国成立以来，出口目的地就呈现出高度集聚的特征。但随着国际形势和国内任务的变化，中国出口目的地集聚的重心和格局也发生了相应的变化。

新中国成立后，苏联第一个承认新中国，而西方国家则对中国实行封锁禁运政策。在此背景下，中国大力发展与苏联、东欧国家的贸易往来。1950年中苏两国政府签订了《中苏友好同盟互助条约》，并签署了中苏协定。根据协定，中苏贸易采用易货记账结算方式，记账货币在五六十年代用卢布结算，不用现汇支付；每年度由两国政府签订换货和付款议定书，并附有进出口货单，货单总额要求进出口平衡，交换的商品根据双方需要和可能，按照平等互利原则，互通有无，互相补充。1958年，两国政府又签订了中苏通商航海条约，进一步为两国开展贸易活动奠定了法律基础。中苏贸易在10年间迅速发展，至1959年，两国间贸易额达到18.9亿卢布（折合20.98亿美元），占当时中国对外贸易总额的48%。在东欧国家，1950年以后，中国同波兰、捷克斯洛伐克、民主德国、匈牙利、保加利亚、罗马尼亚、阿尔巴尼亚和南斯拉夫等东欧8国，先后签订了政府间的贸易协定，建立了政府间贸易关系，在此基础上双边贸易迅速发展。1958~1960年，中国还同保加利亚、罗马尼亚、匈牙利、波兰、捷克斯洛伐克、民主德国、阿尔巴尼亚等国陆续签订了为期三年、四年或五年的长期贸易协定。1959年，中国同东欧8国的贸易总额达7.24亿美元，占当年中国对外贸易总额的16.5%。但在20世纪60年代，中苏关系恶化，使中国与苏联及东欧国家的贸易陷入低潮。尽管1969年,中国国务院总理周恩来同苏联部长会议主席柯西金在北京机场会见后,中苏两国关系有所缓解,贸易关系也开始有所改善,但却一直没有恢复到20世纪50年代的情况。

1972年,尼克松总统访华,中美两国政府共同发表了举世瞩目的《上海联合公报》,打破了中美两国政府、经济、外交关系长期僵持的局面。公报强调,双方把双边贸易看做是另一个可以带来互利的领域,并一致认为平等互利的经济关系符合两国人民的共同利益。从此,结束了中美贸易关系长期中断的历史,中美两国间的直接贸易往来,在平等互利的基础上得到了恢复和发展。与此同时,由于"滞胀"的困境,西欧很多国家都有加强同中国经济合作的愿望,形成了双方迅速扩大经济合作和贸易往来的局面。在1970~1979年间,中国先后同意大利、希腊、联邦德国、瑞士、西班牙和奥地利等国签订了政府间贸易协定,同荷兰、比利时-卢森堡联盟签订了成立双边贸易混合委员会的协议。此外,中国还同瑞典签订了工业科技合作协定,同芬兰签订了经济、工业和科技合作协定。从而中国出口的地理方向开始向发达国家(和地区)转移。20世纪80年代,美国、西欧、日本和中国港澳地区这前四大出口市场在中国出口总额中所占份额达到70%左右。

表3-10 中国对外贸易伙伴分布统计(1950-1978年)

年份	亚、非、拉发展中国家	西方资本主义国家	港澳地区	苏联东盟
1950	13.30%	40.30%	14.40%	31.90%
1951	9.50%	6.60%	31.90%	52.00%
1952	9.70%	3.90%	15.70%	70.70%
1953	7.90%	11.80%	12.20%	68.00%
1954	10.10%	9.20%	9.00%	71.70%
1955	10.40%	11.60%	6.00%	71.90%
1956	14.50%	14.90%	6.20%	63.70%
1957	14.70%	17.50%	6.50%	61.30%
1958	15.30%	20.70%	6.20%	57.80%
1959	14.80%	16.20%	4.80%	64.20%

1960	17.60%	17.40%	5.60%	59.40%
1961	28.20%	26.50%	6.90%	38.40%
1962	30.00%	27.80%	8.90%	33.30%
1963	29.60%	34.20%	10.60%	25.60%
1964	33.20%	37.60%	12.10%	17.10%
1965	33.40%	41.00%	11.30%	14.30%
1966	28.80%	45.80%	12.90%	12.40%
1967	27.10%	52.30%	12.30%	8.40%
1968	25.20%	52.40%	13.40%	9.00%
1969	25.90%	51.80%	14.60%	7.60%
1970	22.70%	55.20%	13.50%	8.50%
1971	27.10%	47.50%	13.90%	11.50%
1972	27.00%	46.70%	14.50%	11.80%
1973	24.60%	51.20%	15.60%	8.50%
1974	24.40%	56.20%	11.80%	7.70%
1975	22.60%	56.50%	11.90%	9.00%
1976	21.80%	53.30%	13.70%	10.90%
1977	22.10%	52.20%	14.50%	11.10%
1978	19.80%	56.10%	13.30%	10.70%

数据来源：根据《当代中国对外贸易》（当代中国出版社，1992年版）附录三整理

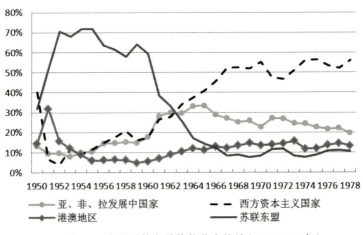

图3-6 中国对外贸易伙伴分布统计（1950-1978年）

数据来源：根据《当代中国对外贸易》（当代中国出版社1992年版）附录三整理

事实上,中国政府早就认识到出口市场过于集中的风险,并已在1990年提出了"市场多元化战略"。该战略的制订起源于邓小平面向三个世界开放的思想。邓小平同志指出:我们实行对外开放政策,并不只是对美国、日本、西欧等发达国家开放。对这些国家开放,是一个方面;另一方面,是南南合作;还有一个方面,是对苏联和东欧国家开放。当时,根据不同市场的特点,中国政府进行分类指导,采取相应措施,如:鼓励企业从美国、欧盟采购大量物质和产品,以缓解与少数发达国家贸易不平衡的矛盾;对重点开拓的发展中国家市场,对机电产品和成套设备产品出口给予政策性贷款支持,包括买方信贷和卖方信贷,适当延长贷款期限,下功夫提高我国在东南亚、南非、俄罗斯、独联体、东欧、非洲和拉丁美洲等市场上的占有率。建立了出口风险保险制度,为外贸企业出口到高风险地区的产品提供政策性保险服务;鼓励企业积极开展经贸促进工作,积极参加发展中国家举办的国际知名博览会和专业性交易会,对重点开拓的亚非拉发展中国家市场,在当地举办高水平的商品、技术展销会。此外,中国也还曾经在一些经济发展水平较高、市场规模较大、便于辐射周边国家和地区,且交通便利的国家和地区建立了若干贸易中心、商品分拨中心及精品店等。

尽管中国政府进行了很多拓展出口市场,实施市场多元化战略的有益尝试和探索,但效果并不十分显著。如图3-7所示,在"市场多元化战略"实施10年后的2001年,中国贸易伙伴有200多个,但前十大出口市场占到了中国总出口的70%以上。在随后的年份里,虽然该比重有所下降,但在2012年却依然接近60%。自1978年改革开放以来,中国在物资管理体制、财税管理体制、金融管理体制、对外贸易管理体制等多个方面进行了改革,其中,对外贸易管理体制改革速度最快、也最为彻底,市场机制很早就开始在对外贸易领域发挥作用,私营企业在对外贸易领域也蓬勃发展。出口市场依然集中的事实意味着必然有除了政府政策以外因素的影响。

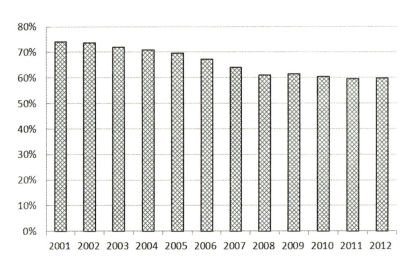

图3-7 中国出口前十目的地所占比重

数据来源:国家统计局网站

在2001~2012年期间,中国出口的前五大目的地没有任何变化,分别是美国、中国香港、日本、韩国和德国。2002~2008年间,出口最大目的地美国,在中国总出口中所占比重出现持续下降,2008年已降到了17.61%。2009年短暂上升后,又不断降低。排名第二的中国香港也有同样的变化规律,其在中国总出口中所占份额与美国所占份额之差最大为2006年的4.97个百分点。而到了2012年则仅比美国低1.38个百分点。

表3-11 中国出口前十大国家(地区)及占比

2001年		2002年		2003年		2004年		2005年		2006年	
名称	份额	名称	份额	名称	份额	名称	份额	名称	份额	名称	份额
美国	20.40%	美国	21.48%	美国	21.10%	美国	21.06%	美国	21.38%	美国	21.00%
香港	17.49%	香港	17.96%	香港	17.41%	香港	17.00%	香港	16.34%	香港	16.03%
日本	16.89%	日本	14.88%	日本	13.56%	日本	12.39%	日本	11.02%	日本	9.46%
韩国	4.70%	韩国	4.77%	韩国	4.59%	韩国	4.69%	韩国	4.61%	韩国	4.59%
德国	3.66%	德国	3.49%	德国	3.98%	德国	4.00%	德国	4.27%	德国	4.16%
荷兰	3.74%	荷兰	2.80%	荷兰	3.08%	荷兰	3.12%	荷兰	3.40%	荷兰	3.19%

英国 2.55%	英国 2.48%	英国 2.47%	英国 2.52%	英国 2.49%	英国 2.49%
新加坡 2.18%	新加坡 2.15%	台湾 2.05%	台湾 2.28%	新加坡 2.18%	新加坡 2.39%
台湾 1.88%	台湾 2.02%	新加坡 2.02%	新加坡 2.14%	台湾 2.17%	台湾 2.14%
意大利 1.50%	马来西亚 1.53%	法国 1.66%	法国 1.67%	俄罗斯 1.73%	意大利 1.65%

数据来源：国家统计局网站

表3-11(续) 中国出口前十大国家(地区)及占比

2007年		2008年		2009年		2010年		2011年		2012年	
名称	份额	名称	份额	名称	份额	名称	份额	名称	份额	名称	份额
美国	19.11%	美国	17.64%	美国	18.38%	美国	17.96%	美国	17.09%	美国	17.17%
香港	15.15%	香港	13.33%	香港	13.83%	香港	13.84%	香港	14.12%	香港	15.79%
日本	8.38%	日本	8.12%	日本	8.14%	日本	7.67%	日本	7.81%	日本	7.40%
韩国	4.61%	韩国	5.17%	韩国	4.47%	韩国	4.36%	韩国	4.37%	韩国	4.28%
德国	4.00%	德国	4.14%	德国	4.15%	德国	4.31%	德国	4.02%	德国	3.38%
荷兰	3.40%	荷兰	3.21%	荷兰	3.05%	荷兰	3.15%	荷兰	3.13%	荷兰	2.87%
英国	2.60%	英国	2.52%	英国	2.60%	印度	2.59%	印度	2.66%	印度	2.33%
新加坡	2.43%	俄罗斯	2.31%	新加坡	2.50%	英国	2.46%	英国	2.32%	英国	2.26%
俄罗斯	2.34%	新加坡	2.26%	印度	2.47%	新加坡	2.05%	新加坡	2.05%	俄罗斯	2.15%
印度	1.97%	印度	2.21%	法国	1.79%	意大利	1.97%	意大利	1.87%	新加坡	1.99%

数据来源：国家统计局网站

二、加工贸易方式和一般贸易方式出口目的地集聚情况

加工贸易方式出口和一般贸易方式出口都在目的地呈现集聚的特征。首先，加工贸易在出口目的地集聚程度较一般贸易高。在所考察的年份里，加工贸易出口前十大目的地在中国加工贸易出口总额中所占比重都超过了80%，最高的年份达到了85.01%，最低的年份也有80.28%，平均为83.22%。一般贸易出口前十大目的地在中国一般贸易出口总额中所占比重最低为58.56%，最高为63.80%。其次，美国、中国香港和日本一直是中国加工贸易出口的前三大目的地。中国一般贸易出口的前三大目的地和加工贸易出口的前三大目的地一样，只是排序略有不同，2002

年后,美国同样是第一,日本是一般贸易方式出口的第二大目的地,中国香港则排第三。

表3-12 加工贸易方式出口前十大国家(地区)及占比

2000年		2001年		2002年		2003年		2004年		2005年		2006年	
国家	比重	国家	比重	国家	比重	国家	比重	国家	比重	国家	比重	国家	比重
美国	25.55%	美国	24.60%	美国	26.00%	美国	25.83%	美国	25.52%	美国	25.38%	美国	24.89%
香港	22.53%	香港	23.09%	香港	23.53%	香港	22.59%	香港	22.06%	香港	22.29%	香港	23.33%
日本	16.83%	日本	17.20%	日本	15.66%	日本	14.53%	日本	13.26%	日本	11.94%	日本	10.24%
德国	4.08%	德国	3.99%	韩国	3.87%	德国	4.56%	德国	4.69%	德国	4.87%	德国	4.86%
韩国	3.88%	韩国	3.93%	德国	3.82%	韩国	3.83%	韩国	4.18%	荷兰	4.23%	荷兰	4.11%
荷兰	2.84%	荷兰	3.05%	荷兰	3.36%	荷兰	3.77%	荷兰	3.79%	韩国	3.96%	韩国	3.92%
英国	2.83%	英国	2.77%	英国	2.53%	英国	2.52%	英国	2.57%	新加坡	2.58%	新加坡	2.88%
新加坡	2.63%	新加坡	2.43%	新加坡	2.42%	新加坡	2.26%	新加坡	2.52%	英国	2.49%	英国	2.45%
台湾	2.12%	台湾	1.97%	台湾	2.20%	台湾	2.19%	台湾	2.21%	台湾	2.22%	台湾	2.13%
法国	1.53%	法国	1.31%	马来	1.62%	法国	1.89%	法国	1.86%	法国	1.51%	马来	1.47%

数据来源:中国海关数据库(2000~2006)

表3-13 一般贸易方式出口前十大国家(地区)及占比

2000年		2001年		2002年		2003年		2004年		2005年		2006年	
国家	比重	国家	比重	国家	比重	国家	比重	国家	比重	国家	比重	国家	比重
日本	17.23%	日本	17.19%	美国	15.76%	美国	15.33%	美国	15.64%	美国	16.76%	美国	16.57%
美国	14.93%	美国	14.83%	日本	14.55%	日本	12.97%	日本	11.94%	日本	10.60%	日本	8.98%
香港	11.22%	香港	9.68%	香港	10.13%	香港	9.93%	香港	9.47%	香港	8.00%	香港	7.90%
韩国	5.56%	韩国	5.88%	韩国	6.08%	韩国	5.71%	韩国	5.51%	韩国	5.63%	韩国	5.47%
德国	3.42%	德国	3.35%	德国	3.21%	德国	3.37%	德国	3.28%	德国	3.69%	德国	3.51%
荷兰	2.58%	荷兰	2.48%	英国	2.50%	英国	2.50%	英国	2.56%	英国	2.57%	意大利	2.69%
意大利	2.41%	意大利	2.40%	意大利	2.37%	意大利	2.43%	意大利	2.54%	意大利	2.53%	英国	2.59%
英国	2.26%	英国	2.37%	荷兰	2.11%	荷兰	2.23%	台湾省	2.41%	俄国	2.46%	印度	2.32%
印尼	2.22%	印尼	1.90%	阿联酋	1.97%	阿联酋	2.13%	俄国	2.40%	荷兰	2.41%	荷兰	2.19%
台湾	1.96%	新加坡	1.86%	印尼	1.96%	台湾	1.95%	荷兰	2.31%	台湾	2.16%	台湾	2.10%

数据来源:中国海关数据库(2000~2006)

三、外资和内资出口目的地集聚情况

2000~2006年期间,外资企业前十大出口目的地在外资企业总出口中所占份额最高为84.51%,平均值为81.69%。内资企业前十大出口目的地在内资企业总出口中所占份额最高为67.55%,平均值为61.76%。外资企业较高的出口目的地集中度与其出口的贸易方式密切相关。由于大多数外资企业主要从事的是加工贸易,加工贸易方式出口目的地较高的集聚程度,必然也意味着较高程度的外资企业出口目的地集聚。表3-14表明,外资企业倾向于出口到美国、中国香港和日本等地。既然加工贸易是接受外商委托从境外进口中间品加工装备、并将成品返回给委托方,出口目的地是较为发达的国家和地区也是合理的。表3-15表明,内资企业和外资企业一样,也倾向于向发达国家出口,出口的前三大目的地同样也是美国、香港和日本。

表3-14 外资企业出口前十大国家(地区)及占比

2000年		2001年		2002年		2003年		2004年		2005年		2006年	
国家	比重	国家	比重	国家	比重	国家	比重	国家	比重	国家	比重	国家	比重
美国	24.32%	美国	22.47%	美国	23.83%	美国	23.99%	美国	24.17%	美国	24.59%	美国	24.12%
香港	20.15%	香港	21.25%	香港	21.76%	香港	21.06%	香港	20.49%	香港	20.40%	香港	21.08%
日本	19.98%	日本	20.00%	日本	17.66%	日本	15.82%	日本	14.16%	日本	12.59%	日本	10.90%
韩国	4.20%	韩国	4.55%	韩国	4.44%	韩国	4.26%	韩国	4.56%	德国	4.62%	德国	4.55%
德国	3.67%	德国	3.57%	德国	3.44%	德国	4.17%	德国	4.42%	韩国	4.39%	韩国	4.46%
新加坡	3.10%	荷兰	3.08%	荷兰	3.33%	荷兰	3.66%	荷兰	3.61%	荷兰	3.94%	荷兰	3.77%
荷兰	2.90%	新加坡	2.73%	新加坡	2.65%	新加坡	2.45%	新加坡	2.59%	新加坡	2.55%	新加坡	2.75%
英国	2.59%	英国	2.57%	英国	2.37%	英国	2.42%	台湾	2.50%	英国	2.46%	英国	2.47%
台湾	2.07%	台湾	1.89%	台湾	2.21%	台湾	2.37%	英国	2.44%	台湾	2.46%	台湾	2.41%
法国	1.51%	马来西亚	1.36%	马来西亚	1.77%	法国	1.85%	法国	1.78%	马来西亚	1.55%	马来西亚	1.57%

数据来源:中国海关数据库(2000~2006)

表3-15 内资企业出口前十大国家(地区)及占比

2000年		2001年		2002年		2003年		2004年		2005年		2006年	
国家	比重	国家	比重	国家	比重	国家	比重	国家	比重	国家	比重	国家	比重
美国	18.16%	美国	18.32%	美国	18.92%	美国	17.58%	美国	17.63%	美国	16.89%	美国	16.19%
香港	16.01%	日本	13.92%	日本	13.81%	香港	12.97%	香港	13.25%	香港	10.70%	香港	10.45%
日本	14.03%	香港	13.72%	日本	11.86%	日本	10.81%	日本	10.45%	日本	8.83%	日本	7.31%
韩国	4.79%	韩国	4.86%	韩国	5.11%	韩国	4.98%	韩国	4.82%	韩国	4.94%	韩国	4.74%
德国	3.76%	德国	3.74%	德国	3.55%	德国	3.74%	德国	3.54%	德国	3.76%	德国	3.59%
荷兰	2.53%	英国	2.52%	英国	2.59%	英国	2.53%	俄国	2.62%	俄国	3.33%	俄国	2.97%
英国	2.48%	荷兰	2.45%	荷兰	2.22%	荷兰	2.40%	英国	2.61%	荷兰	2.63%	英国	2.46%
意大利	2.09%	意大利	2.16%	意大利	2.20%	俄国	2.38%	荷兰	2.61%	英国	2.54%	意大利	2.44%
台湾	1.98%	台湾	1.86%	台湾	1.82%	意大利	2.30%	意大利	2.20%	意大利	2.30%	荷兰	2.36%
印尼	1.72%	新加坡	1.64%	俄国	1.75%	阿联酋	1.84%	台湾省	2.04%	阿联酋	1.86%	印度	2.18%

数据来源:中国海关数据库(2000~2006)

四、不同行业出口目的地集聚情况

各行业的出口在目的地集聚程度有较大差异。以2006年为例,出口目的地集聚程度最低的是交通工具行业,前十大出口目的地在其总出口中所占比重为56.37%。出口目的地集聚程度最高的是杂项制品行业,前十大出口目的地在其总出口中所占比重达到76.74%。其他行业出口的前十大目的地在各行业总出口总所占的比重基本都超过了60%。尽管各行业的贸易伙伴国数量有差异,但最少的也有196个,从而,前十大出口目的地在总出口总所占比重即使只有56.37%,也表现出了较高的出口目的地集聚程度。

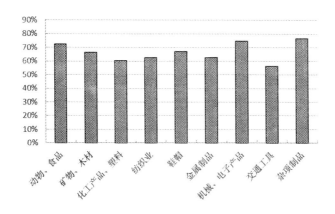

图 3-8 2006年各行业出口前十大目的地占比

数据来源：中国海关数据库（2000~2006）

第五节 生产地和目的地同时集聚的现象

根据前面两节的分析可以看出，中国出口在国内呈现出在少数地区集中的特征，同时在出口目的地也有高度集聚的现象。但出口在国内集聚和出口目的地集聚并不意味着出口有着双重集聚的事实，例如，若出口在国内集聚的地区，其出口的目的地较为分散，那么便不存在双重集聚。只有国内集聚的地区，其出口目的地同时也比较集中，才能说出口存在着双重集聚。因此，本节将根据中国海关数据库对此进行深入分析。具体来说，本节通过出口前五大省市在中国总出口中的占比，与这五大省市的前十大出口目的地在五大省市各自出口总额中所占比重的平均值来说明中国出口双重集聚的现象。

表3-16是总体情况。第2列是历年前五大省市出口在中国总出口中所占的比重，与表3-1前5行相加的结果相同。第3列是前五大出口省市各自前十大出口目的地在当年该地区出口中所占比重的平均值。以2000年为例，前五大出口省市是广东、江苏、上海、浙江和山东，首先计算广东省的前十大出口目的地在广东省当年出口中所占的比重，然后分别计算江苏、上海、浙江和山东的该比重，最后将这五个地区的该比重进行

平均,74.86%便是最后得到的平均值。根据第2列和第3列的结果可以看出,中国出口在国内主要集中在前五大省市,与此同时,这前五大省市的出口又主要集中在前十大出口目的地。从而,中国的出口呈现出双重集聚的特征。

表3-16 出口前五大省市占比及相应前十大出口目的地占比

年份	前五大省市占比	前十大出口目的地的平均比重
2000	71.44%	74.86%
2001	72.28%	73.94%
2002	73.55%	73.29%
2003	75.00%	72.26%
2004	75.28%	71.07%
2005	75.37%	70.32%
2006	75.89%	68.57%

数据来源:中国海关数据库(2000~2006)
注:前十大出口目的地的平均比重是指前五大出口省份的前十大出口目的地占比的平均值。下同。

不仅总的来看,中国出口呈现出双重集聚的特征,不同贸易方式和不同所有制企业的出口都有类似的现象。表3-17分别列出了加工贸易和一般贸易的出口前五大省市占比及前五大省市的前十大出口目的地占比的平均值,表3-18则分别是外资企业和内资企业的出口前五大省市占比及前五大省市的前十大出口目的地占比的平均值。从两个表中的情况可以看出,加工贸易双重集聚的程度和外资企业双重集聚的程度都较高。不管是加工贸易企业还是外资企业,出口的国内前五大省市占比都在80%左右,且这前五大省市出口的前十大目的地占比的平均值在大多数年份也都超过了80%,最高甚至达到了84.62%。一般贸易方式和内资企业的双重集聚程度要较加工贸易方式和外资企业低,但不管是一般贸易方式出口的企业还是内资企业,出口的国内前五大省市占比大都接近70%,且这前五大省市出口的前十大目的地占比的平均值也至少是57.60%。

表3-17 加工贸易和一般贸易的出口前五大省市占比及相应前十大出口目的地占比

	加工贸易		一般贸易	
	前五大省市占比	前十大出口目的地的平均比重	前五大省市占比	前十大出口目的地的平均比重
2000	83.23%	83.71%	59.95%	63.99%
2001	83.23%	83.56%	61.07%	65.62%
2002	83.51%	84.61%	64.43%	64.48%
2003	84.94%	83.87%	65.52%	62.39%
2004	84.52%	82.04%	65.91%	61.00%
2005	83.81%	81.44%	66.70%	60.08%
2006	83.92%	79.42%	68.17%	57.89%

数据来源：中国海关数据库(2000~2006)

表3-18 内、外资企业的出口前五大省市占比及相应前十大出口目的地占比

年份	外资企业		内资企业	
	前五大省市占比	前十大出口目的地的平均比重	前五大省市占比	前十大出口目的地的平均比重
2000	78.38%	84.62%	68.40%	65.96%
2001	78.26%	83.87%	67.38%	67.53%
2002	79.11%	83.76%	68.29%	65.98%
2003	80.93%	82.69%	67.94%	63.78%
2004	81.04%	78.96%	68.97%	63.04%
2005	81.31%	78.24%	67.10%	60.44%
2006	81.95%	77.22%	67.45%	57.60%

数据来源：中国海关数据库(2000~2006)

表3-19是2006年各行业的国内和出口目的地的集聚情况。出口的前五大省市在出口目的地集聚程度较低的是化工产品和塑料行业,仅有62.41%。动物和食品行业在国内集聚程度相对其他行业而言不算很高,但在出口目的地却表现出较高的集聚程度。机械、电子产品行业和杂项制品行业在国内和出口目的地都表现出较高的集聚程度。其中,机械和

电子产品行业出口的国内前五大省市占比为85.23%,且这前五大省市的前十大出口目的地占比的平均值有75.01%;杂项制品行业出口的国内前五大省市占比高达87.51%,且这前五大省市的前十大出口目的地占比的平均值为75.57%。考虑到各行业出口伙伴有200个左右,前十大出口目的地占比即使为62.41%,也说明集聚程度较高。

表3-19　各行业出口前五大省市占比及相应前十大出口目的地占比(2006年)

行业	前五大省市占比	前十大出口目的地的平均比重
动物、食品	63.03%	81.16%
矿物、木材	58.32%	72.40%
化工产品、塑料	67.52%	62.41%
纺织业	78.91%	68.96%
鞋帽	79.41%	73.32%
金属制品	60.60%	65.30%
机械、电子产品	85.23%	75.01%
交通工具	66.99%	65.93%
杂项制品	87.51%	75.75%

数据来源:中国海关数据库(2006)

第六节　本章小结

本章首先介绍了衡量集聚的常用指标,然后分别考察了中国出口在国内集聚和目的地集聚的情况,最后通过描述出口的国内和目的地同时集聚的程度说明中国出口存在双重集聚的现象。研究结果表明,中国出口在国内呈高度集中的特征,2001~2012年期间,前十大省市在中国总出口中所占份额约为90%左右,即中国的出口基本上是由十个省份完成的。此外出口目的地的集聚程度也特别高,2001~2012年期间,前十大出口目的地在中国总出口中所占份额在70%以上。出口国内集聚和目的集聚与中国对外贸易政策有一定关系,但并非完全是由政策引起的。之所以这么说,是因为首先,中国经济特区的政策有利于吸引外资企业和从事加工贸易的企业在特区建厂生产,研究表明外资企业和加工贸易企业不管是在国内的集聚程度还是在出口目的地的集聚程度都较高。其次,根据本章的分析可以看出,不仅外资企业和加工贸易企业在国内和出口目的地有集聚,内资企业和一般贸易企业在国内和出口目的地的集聚程度也都较高,这意味着中国出口在国内集聚和出口目的地集聚还存在政策以外的因素。最后,本章也证明了中国出口存在双重集聚的现象,主要表现为前五大出口省市的前十大出口目的地在各省总出口中所占比重的平均值较高,即前五大出口省市的出口主要集中在前十大出口目的地。

第四章　出口国内集聚的形成机制

第一节　引　言

在进入国际市场之前,企业需要支付一笔沉没成本。只有当企业生产率足够高时,其出口所获得的利润才能覆盖该成本,出口才是有利可图的。因而,生产率越高的企业,出口倾向越大。本章主要探讨一般意义上的集聚对生产率的影响,以此说明集聚能够提高企业的出口概率,从而导致出口在国内集聚。

集聚影响生产率的理论机制早在20世纪初便由Marshall进行了阐述,主要包括劳动力市场共享、中间商与最终商之间的匹配以及知识或技术的溢出。研究中,将集聚对生产率的影响称为集聚效应。由于Marshall(1920)强调外部性产生于行业内,后来的实证研究大都围绕着集聚的行业内溢出效应进行展开。Henderson(1986)用美国和巴西为样本发现集聚使本行业生产率有两位数的提高。Henderson, Kuncoro和Turner(1995)利用韩国5个工业制造业的数据发现集聚对本行业生产率有显著为正的影响。Cingano和Puga(2003)利用微观数据也得到了类似的结论。范剑勇和石灵云(2009)以我国制造业为样本也发现了行业内集聚显著提高生产率的规律。少数文献根据Jacobs(1969)提出的单个企业或细分行业的生产率将会从本地区其他所有行业集聚中获益更多这一观点,实证考察了关联行业集聚的外部性,得到的结论不尽相同。Henderson(2003)发现关联行业集聚对企业生产率没有显著的影响,但范剑勇和石灵云(2009)却发现尽管关联行业集聚对生产率的影响较行业内集聚的影响小,但仍然显著为正。

虽然有关集聚对生产率影响的研究很多,但这些研究存在如下两个不足:第一,缺乏对垂直行业间集聚效应的实证研究。现有关集聚溢出效应的实证研究主要围绕集聚的行业内溢出展开,而较少关注垂直关联行业间的溢出。事实上,很多理论研究对垂直关联(投入产出关联)行业(或企业)之间的外部性进行了论证,如 Krugman 和 Venables(1995)的 CPVL(core-periphery, vertical linkages)模型、Ottaviano, Tabuchi 和 Thisse(2002)的 FEVL(footloose entrepreneur, vertical linkages)模型等都强调具有投入产出关联行业(或企业)之间的累积循环关系。也有很多研究表明具有投入产出关系的行业(或企业)之间存在着一定联系。如 Holmes(1999)、Rosenthal 和 Strange(2001)都发现行业地方化程度与其所需要购买投入品的密集度呈正相关关系。Cohen 和 Paul(2001)通过比较美国具有需求差异的市场中企业生产成本,发现需求较高市场上企业生产成本较低的现象。Knarvik 和 Steen(2002)以挪威为样本进行的研究表明,上游行业产出增长率和产出水平对下游行业生产率增长有显著为正的影响。Casaburi 和 Minerva(2011)发现在意大利下游行业比较集中的地方,无论是提前生产还是订货生产的规模均较大。

第二,缺乏对不同所有制和不同地理范围内集聚效应的研究。在中国,不同所有制企业的经济行为差异显著(Chen, 2002; Brandt 和 Li, 2003; Huang, 2004; Li, Hu 和 Chi, 2007; Lu, 2011; Qin, 2011)。尽管自20世纪90年代以来,国企改革已经卓有成效,但作为政府调节国民经济的载体,其经济行为仍然在一定程度上体现了政府的意志。私营企业和外资企业的经济活动基本遵循市场经济基本原则。有可能存在各所有制企业的集聚效应有所不同,或集聚对不同所有制企业生产率影响不同的情况。其次,中国地域广袤,企业间的相互影响、知识共享与距离密切相关,从而集聚效应可能只有在一定范围内才存在。已有研究大都以省为单位进行研究,若集聚效应只在市或镇的范围内才存在时,以省为地理范围进行的考察有可能会低估集聚的影响。

为此,本章在综合运用2004年工业普查数据和1999~2007年全部国有制造业企业及规模以上非国有企业数据的基础上,结合投入产出表,不仅考察本行业的集聚效应,而且也考察上下游行业集聚对生产率的影响；不仅考察同省内集聚的影响，而且也考察集聚效应与距离之间的关系；不仅考察集聚对不同所有制企业生产率的影响，而且也考察了私有企业的集聚效应。

第二节　数据来源及变量构造

一、数据来源

（一）工业调查数据

本章使用的数据库之一是工业调查数据库，时间跨度为1999~2007年。该数据库包括全部国有企业以及年销售产值超过500万元以上的非国有工业企业，各年份的企业数从16万到30万不等。样本中不仅包括企业代码、企业名称、所在地、注册类型和从业人数等基本信息，还包括工业增加值、固定资产合计、实收资本等财务指标。尽管只有规模以上的非国有企业才能进入该数据库的统计中，但历年该数据库中企业总产值却在中国工业总产值中占有较大比重。很多关于中国工业生产率增长的研究都是在该数据基础上进行考察的（如Brandt, Van和Zhang, 2012；Yu, 2014）。我们用1999~2007年的数据来估计中国企业生产率、集聚指标及其他控制变量。

由于样本大、指标多、时间长的缘故，数据库中的指标存在诸多问题，尤其是计算集聚时需要用到的地址码信息。根据统计，样本中有19061家企业的地址码与统计局《县及县以上行政区划代码》对应不上，为此，在估计之前，需要对这些企业的地址码进行更正。我们的处理方法是，当企业在样本中出现多次时，用其前一年或后一年能与《县及县以上行政区划代码》对应上的地址码替换不能对应上的地址码；但这种方法不适用于仅出现一年的企业。考虑到邮编的前四位能确定到县级，即邮编前四位相同的企业其六位地址码也相同，我们用邮编对那些与统计局对应不上的企业的地址码进行校准。最后，我们再根据数据库中这些企业的省、市、县等信息，对其地址码进行一一更改。

本章借鉴聂辉华等（2012）以及Brandt等（2012）使用的方法对数据

进行清理,并仅保留制造业企业作为样本。具体来说,我们删掉了具有如下特征的观测值:(1)关键变量(如工业总产值、工业增加值、固定资本、雇佣人数)缺失或为负;(2)流动资产或总固定资产大于总资本;(3)雇佣人数低于10;(4)存活时间小于0年或大于59年的观测值。经过清理后,尽管删掉了一些样本,但剩下的企业数在原始样本中企业数中占比仍然高达98%。

(二)工业普查数据

利用工业数据库来估计集聚效应面临的一个问题是,该数据库不包括规模以下的非国有企业。为了避免由此带来的偏误,我们还利用了2004年工业普查数据计算的集聚指标进行稳健性检验。表4-1比较了2004年工业调查数据和工业普查数据中各省的工业产值和企业数。从表中可以看出,工业普查数据库的企业数量是工业调查数据库中的5倍,而工业普查数据库中的工业总产值仅比工业调查数据库的高出10%,这些差异意味着在中国有很多中小企业。从各省这两个指标的差异来看,这些小企业大都分布在浙江、江苏、广东等地,与案例研究以及媒体的报道相符。事实上,40%的中小企业分布在这三个省。

尽管工业普查数据在构建集聚指标时,能考虑中小企业,但也存在一个问题,即该普查数据仅有2004年一期的数据,从而无法估计生产率。为此,需要将工业调查数据库和工业普查数据库进行匹配。工业普查数据库和工业调查数据库中有很多变量是相同的,如企业名称,企业代码、行业代码等。由于我们将在行业和地区层面上构建集聚指标,因此,根据行业和地址码,可以将利用工业普查数据计算的集聚指标与利用工业调查数据估计的生产率指标进行匹配。

表4-1 工业企业数据库和工业普查数据库的比较(2004年)

	企业数		工业产值 (1,000元)		企业平均规模(产值)	
	普查数据	调查数据	普查数据	调查数据	普查数据	调查数据
北京	31,669	6,871	597,470,208	573,325,440	18,866	83,441
天津	25,654	6,462	611,914,432	585,449,536	23,853	90,599
河北	64,629	9,284	1,018,096,896	868,167,360	15,753	93,512
山西	28,884	5,013	417,396,224	377,103,936	14,451	75,225
内蒙古	11,849	2,275	232,745,824	209,593,584	19,643	92,129
辽宁	54,610	10,635	914,065,792	860,390,080	16,738	80,901
吉林	16,363	3,280	355,172,064	334,378,048	21,706	101,94
黑龙江	20,303	3,297	395,569,632	371,877,344	19,483	112,79
上海	55,806	15,766	1,459,413,760	1,396,810,752	26,152	88,596
江苏	188,844	40,848	2,947,678,976	2,668,238,848	15,609	65,321
浙江	188,917	41,358	2,122,122,624	1,872,797,952	11,233	45,283
安徽	39,263	4,778	423,602,208	366,015,040	10,789	76,604
福建	49,824	11,918	751,248,256	678,341,504	15,078	56,917
江西	29,468	4,019	273,658,912	221,197,920	9,287	55,038
山东	120,673	23,915	2,467,854,336	2,252,100,864	20,451	94,171
河南	76,896	11,474	923,664,320	757,558,784	12,012	419,73
湖北	29,262	6,232	532,919,104	496,024,640	18,212	79,593
湖南	43,925	7,523	434,186,112	365,406,624	9,885	48,572
广东	137,652	34,584	3,151,649,536	2,955,180,800	22,896	85,449
广西	19,080	3,749	224,198,624	202,548,480	11,750	54,027
海南	2,066	588	42,941,776	40,723,348	20,785	69,257
重庆	20,509	2,634	259,884,384	214,272,608	12,672	81,349
四川	43,759	7,413	530,365,728	471,684,928	12,120	63,629
贵州	11,121	2,545	154,630,880	139,491,408	13,904	54,810
云南	14,402	2,332	234,406,848	209,204,800	16,276	89,710
西藏	356	187	2,484,754	2,269,713	6,980	12,138
陕西	25,785	3,012	315,087,840	273,521,600	12,220	90,810
甘肃	11,664	1,927	169,580,784	158,260,272	14,539	82,128
青海	2,198	463	38,809,336	37,421,872	17,657	80,825
宁夏	4,019	662	60,518,540	55,365,568	15,058	83,634
新疆	5,807	1,430	165,602,080	157,184,448	28,518	109,919
总计	1,375,257	276,474	22,228,940,898	20,171,908,101	16,163	72,961

二、主要变量构造

（一）生产率的估计

生产率又被称为全要素生产率（Total Factor Productivity，TFP），是生产函数扣除要素贡献后的"剩余"。受数据可获得性的限制，最初对生产率的估计大都基于宏观数据，例如固定资产投资总量、就业人数等。自20世纪末期以来，随着企业数据的公开，在微观层面上对生产要素进行估计成为了可能。很多学者对于利用传统方法在估计企业层面生产率时存在的问题以及改进方法进行了深入探讨。

由于将扣除要素贡献后的"剩余"定义为生产率，所以对生产率的估计需要首先拟合生产函数。生产函数的形式有很多。在实证研究中，有些学者采用超越对数生产函数（Trans-log），该函数对于替代弹性没有特殊规定，并且在形式上具有很大的灵活性。王争、郑京海和史晋川（2006）认为利用这种函数能很好的避免由于函数形式设定错误而带来的估计偏差。但更多的研究则偏好使用Cobb-Douglas生产函数（C-D生产函数）。尽管C-D生产函数对替代弹性和函数形式有苛刻的假设，但在实际估计过程中，却能提供比超越对数生产函数更多的信息。而且C-D生产函数结构简约易用，对于规模经济的测度直观且符合常理。C-D生产函数的一般表述形式如下：

$$Y_{it} = A_{it} L_{it}^{\beta_l} K_{it}^{\beta_k} \tag{4.1}$$

其中，Y_{it}为产出，L_{it}和K_{it}分别表示劳动和资本的投入。A则是通常所说的全要素生产率（TFP）。从式（4.1）中可以看出，全要素生产率的上升能够同时提高各种要素的边际产出水平。将式（4.1）进行对数变换可以得到如下线性形式的实证模型：

$$y_{it} = \beta_l l_{it} + \beta_k k_{it} + \varepsilon_{it} \tag{4.2}$$

上式中y_{it}、l_{it}和k_{it}分别为Y_{it}、L_{it}和K_{it}的对数形式。（4.2）的残差项包含了企业全要素生产率对数（A_{it}）形式的信息。对式（4.2）进行估计，分别得到劳动份额（β_l）和资本份额（β_k）的拟合值，然后再结合真实数据，计算残差即为全要素生产率的估计值。

但利用简单最小二乘法（OLS）对式（4.2）进行估计时会存在两个问

题,一个是联立性偏误(simultaneity bias)和样本选择偏误(selectivity and attrition bias)。联立性偏误是指,在实际生产过程中,企业可以观察到一部分自身的生产率,为了获得最大利润,将会根据观察到的信息即时调整要素投入组合。从而,误差项中的一部分将会影响要素投入,这意味着残差项和解释变量具有相关性,从而OLS的估计结果将会产生偏误。这一问题早在1944年便被Marschak和Andrews提出来,估计经典生产函数的学者们也一直在寻找不同的方法进行解决。

样本选择性偏误来源于生产率冲击和企业退出市场概率之间的相关关系。一般来说,在面对低效率冲击时,资本存量较低的企业退出市场的概率要远远高于资本存量较大的企业,主要原因是规模较大的企业对未来收益抱有很高的预期,不会轻易退出其所进入的市场。由于退出市场的概率和企业资本存量之间存在负相关关系,从而OLS估计将会低估资本变量的估计系数。对于这一问题,已有研究也提出了很多不同的改进方法。

1. 固定效应估计方法

考虑到联立性偏差,可以将式(4.2)的误差项进行拆分成两项,一项是被企业观察到并影响要素选择的部分(ϖ_{it}),一项是包括不可观测的技术冲击的真正误差项。从而,式(4.2)可以写成如下形式:

$$y_{it} = \beta_l l_{it} + \beta_k k_{it} + \varpi_{it} + e_{it} \tag{4.3}$$

如果有充足的理由相信ϖ_{it}对于每个企业不相同,但随着时间变化是不变的,那么在面板数据条件下,就可以利用个体固定效应的回归方法进行估计,从而解决由于ϖ_{it}存在而带来的内生性问题,得到劳动和资本系数的一致无偏估计量。

但利用这种方法进行估计时,对样本数据类型的要求比较高,只有面板数据才能利用固定效应方法消除可以被企业观测到、不可测量的不随时间变化而变化的部分。此外,假设企业可观测到的生产率部分不随时间变化过于苛刻,在实际操作层面上很难找到令人信服的论据支持。最后,利用固定效应模型进行估计时,只考虑了跨个体的变化,而无法反映出时间变化所带来的信息,丢弃大量的信息使得被估参数难以得到最大限度的识别。

2. Olley-Pakes估计方法（简称OP法）

在固定效应模型的基础上，Olley和Pakes（1996）提出了一个半参数的方法对生产函数进行估计。该方法假定企业根据当前生产状况作出投资决策，从而企业的当期投资可以用来作为生产率可观测部分的代理变量，解决联立性问题。这种方法由两个步骤构成：首先，根据永续盘存法对每个企业建立当前资本存量和投资额之间的关系，即：

$$K_{it+1} = (1-\delta)K_{it} + I_{it} \tag{4.4}$$

其中 K_{it} 和 K_{it+1} 分别代表企业i在时间t和t+1的资本存量，I_{it} 为企业i在时间t的投资。假设企业观察到的生产率越高，当期的投资也会越高，即 ϖ 和 i_{it} 之间存在正相关关系。由此，企业观察到的生产率部分决定了企业的最优投资额，其表达式可以表述为：

$$i_{it} = i_{it}(\varpi, k_{it}) \tag{4.5}$$

假定最优投资函数的反函数为 $h(\cdot) = i^{-1}(\cdot)$，则 ϖ 可以写作：

$$\varpi = h_{it}(i_{it}, k_{it}) \tag{4.6}$$

将式（4.6）代入生产函数估计方程，得：

$$y_{it} = \beta_l l_{it} + \beta_k k_{it} + h_{it}(i_{it}, k_{it}) + e_{it} \tag{4.7}$$

式（4.7）等号右边第一项代表劳动的贡献，第二项为资本的贡献。将第二项和第三项之和用 ϕ_{it} 表示，即，

$$\phi_{it} = \beta_k k_{it} + h_{it}(i_{it}, k_{it}) \tag{4.8}$$

从而，式（4.7）可以写成如下形式：

$$y_{it} = \beta_l l_{it} + \phi_{it} + e_{it} \tag{4.9}$$

对式（4.9）进行估计，可以得到劳动力系数的一致无偏估计量。接下来，根据已经估计的劳动力系数来估计资本项的系数。定义 $V_{it} = y_{it} - \hat{\alpha} l_{it}$，然后估计以下方程：

$$V_{it} = \beta_k k_{it} + g(\phi_{it-1} - \beta k_{it-1}) + \mu_{it} + e_{it} \tag{4.10}$$

其中，$g(\cdot)$ 是一个包含 ϕ 和资本存量滞后期的函数。和第一步的思路

一样,这个函数可以通过 ϕ_{it-1} 和 k_{it-1} 的高阶多项式进行估计。但在实际操作时,由于同时包含了资本存量的当期和滞后期,所以第二步的估计要比第一步复杂得多。换句话说,若要得到有效估计量,必须保证资本存量的当期和滞后期的估计系数始终保持一致,这需要用到非线性最小二乘法来完成。

需要说明的是尽管按照上述两个步骤估计完式(4.10)便能对生产函数进行拟合,从而得到全要素生产率的对数值,但按照这个程序得到的估计量仅只能解决联立性的偏误,样本选择性偏误仍然存在。

事实上,Olley 和 Pakes(1996)对样本选择性偏误也提出了相应的解决方案。在通过构造一个包含投资额和资本存量对数值的多项式 ϕ_{it} 来获得劳动投入系数的一致无偏估计量之后,Olley 和 Pakes(1996)引入了生存概率(survival probability)来描述企业的进入和退出,以此控制样本选择偏误的问题。企业的最优化决策可以通过如下的 Bellman 方程进行刻画:

$$V_{it}(K_{it}, a_{it}, \omega_{it}) = Max\{\Phi, Sup_{I_{it} \geq 0} \Pi(K_{it}, a_{it}, \omega_{it}) \\ -C(I_{it}) + \rho E[V_{it+1}(K_{it+1}, a_{it+1}, \omega_{it+1})|J_{it}]\} \quad (4.11)$$

其中,$\Pi(\cdot)$ 代表企业的利润函数,$C(\cdot)$ 为当前的投资成本,ρ 是折现因子,$E(J_{it})$ 表示时间 t 的信息集合 J_{it} 对未来的预期。Bellman 方程表明当折现价值超过其预期的折现回报时,企业将退出市场。从而,定义如下退出函数:

$$\chi_{it} = \begin{cases} 1, 如果\ \omega_{it} \geq \underline{\omega}_{it}(K_{it}, a_{it}) \\ 0, 其他 \end{cases} \quad (4.12)$$

这里,代表生存状态。当 x 取值为 1 时表示继续经营,当其取值为 0 时意味着退出市场。企业选择继续经营还是退出市场取决于生产率的临界值 $\underline{\omega}$。如果实际生产率高于这个临界值,则企业将会继续经营,否则会退出市场。这一决策机制可以用如下的 probit 模型进行描述:

$$\Pr(\chi_{it} = 1|J_{it-1}) = \Pr(\chi_{it} = 1|\omega_{it-1}, \hat{\omega}_{it}(k_{it+1})) = \varphi(i_{it-1}, k_{it-1}) \quad (4.13)$$

第二步回归中,将上述 probit 的拟合值代入到方程(4.10),得:

$$V_{it} = \beta k_{it} + g\left(\phi_{it-1} - \beta_k k_{it-1}, \hat{P}_{it-1}\right) + \mu_{it} + e_{it} \quad (4.14)$$

在这个扩展方程中，$g(\cdot)$可以通过一个包括ϕ_{t-1}、k_{t-1}、$\hat{P}_{t-1}$的高阶多项式表示。从而，在存在样本选择偏差的情况下，用这种方式仍然可以得到资本项系数的一致估计量。

3. Levinsohn-Petrin估计方法（简称LP法）

尽管OP方法可以提供对企业层面生产函数的一致估计量，但却要求作为代理变量的投资与总产出始终保持着单调关系，这就意味着投资额为零的样本不能被估计。现实中，并非所有企业在任何年份都有正的投资，这意味着很多企业样本在估计过程中没有被用到。Levinsohn和Petrin（2003）针对这一问题发展了一种估计生产率的估计方法。Levinsohn-Petrin在估计生产率时，在式（4.3）的基础上加入了一项中间投入，从而式（4.3）变成了如下形式：

$$y_{it} = \beta_l l_{it} + \beta_k k_{it} + \beta_m m_{it} + \varpi_{it} + e_{it} \quad (4.15)$$

其中，m_{it}代表中间品投入的对数值；其他变量的含义和前面一样；l_{it}和m_{it}被假定为自由变量，m_{it}为状态变量。假定中间投入品的需求取决于状态变量ϖ_{it}和k_{it}，即：

$$m_{it} = m_{it}(\varpi_{it}, k_{it})$$

这样，可以用中间投入m_{it}作为ϖ_{it}的代理变量。若ϖ_{it}是k_{it}的单调函数，则式（4.15）可以写成：

$$y_{it} = \beta_l l_{it} + \phi_{it}(m_{it}, k_{it}) + e_t \quad (4.16)$$

其中，$\phi_{it}(m_{it}, k_{it}) = \beta_k k_{it} + \beta_m m_{it} + \varpi_{it}(m_{it}, k_{it})$。接下来，Levinsohn-Petrin也主要里利用两步估计相应变量的参数：

首先，估计劳动投入的系数β_l。利用y_{it}对k_{it}和m_{it}进行加权二次最小二乘法（quadratic least squares）回归，得到产出和劳动投入的以m_{it}和k_{it}为条件的期望值，即$E[y_{it}|m_{it}, k_{it}]$、$E[l_{it}|m_{it}, k_{it}]$，将式（4.16）两边同时减去$E[y_{it}|m_{it}, k_{it}]$，并根据e_{it}服从独立同分布的性质，有：

$$y_{it} - E[y_{it}|m_{it}, k_{it}] = \beta_l(l_{it} - E[l_{it}|m_{it}, k_{it}]) + e_{it} \quad (4.17)$$

由于根据假设，e_{it} 的均值独立于 l_{it}，对上式进行 OLS 回归可以得到 β_l 的一致估计。

其次，估计资本和中间投入的系数 β_k 和 β_m。假设 ϖ_{it} 遵循一阶马尔科夫过程，即：

$$\xi_{it} = \varpi_{it} - E[\varpi_{it}|\varpi_{it-1}]$$

则根据式（4.16）的关系可以得到：

$$\xi_{it} + \eta_{it} = y_{it} - \hat{\beta}_l l_{it} - \beta_k k_{it} + \beta_m m_{it} + \hat{E}[\varpi_{it}|\varpi_{it-1}]$$

其中 $\hat{\beta}_l$ 是第一步估计出来的结果。$\hat{E}[\varpi_{it}|\varpi_{it-1}]$ 通过利用 $(y_{it} - \hat{\beta}_l l_{it} - \beta_k k_{it} - \beta_m m_{it})$ 对 $(\hat{\phi}_{it-1} - \beta_k k_{it-1} - \beta_m m_{it-1})$ 进行加权二次最小二乘法回归得到，从而残差是 β_k 和 β_m 的函数。

为得到一致的估计，需要如下两个矩条件：

$$E[(\xi_{it} + e_{it})k_{it}] = E[\xi_{it}k_{it}] = 0 \quad (4.18)$$

$$E[(\xi_{it} + e_{it})m_{it-1}] = E[\xi_{it}m_{it-1}] = 0 \quad (4.19)$$

其中，式（4.18）所列的矩条件意味着资本与生产率的变化之间不相关；式（4.19）所列的矩条件意味着上一期的中间投入品选择与生产率的变化之间不相关。

定义 $Z_{it} = \{l_{it}, k_{it}, m_{it-1}, m_{it-2}\}$，通过最小化如下 GMM 标准方程即可得到 $\hat{\beta}_k$ 和 $\hat{\beta}_m$。

$$Q(\beta) = \min_\beta \sum_{h=1}^{4} \left(\sum_i \sum_{t=T_{i0}}^{T_{i1}} (\xi_{it} + e_{it}) Z_{i,ht} \right)^2 \quad (4.20)$$

上式中，h 表示 Z 的个数，T_{i0} 和 T_{i1} 分别是观察到企业 i 的第二年和最后年。

LP 方法对生产率的估计是在 OP 方法基础上的改进，两者最大的区别在于 LP 方法利用中间投入作为代理变量，而 OP 方法则是用投资作为代理变量。本章的基本回归结果中，将利用 LP 方法估计的生产率，而用固定效应方法和OP方法估计得到的生产率进行稳健性检验。

（二）集聚变量的构造

本章主要利用两套指标对集聚效应进行考察。第一套关于集聚的指标建立在EG指数基础上；第二套是建立在企业数量和企业平均规模基础上。以下是对两套指标的详细说明。

（1）基于EG指数构建的集聚指标

方便起见，这里依然列示了第三章中出现的EG指数的计算公式（用符号"AG"表示）：

$$AG_{jk} = \frac{\sum_{r \in k}(s_{jr} - x_r)^2 - \left(1 - \sum_{r \in k} x_r^2\right)\sum_{i \in j,k} z_i^2}{\left(1 - \sum_{r \in k} x_r^2\right)\left(1 - \sum_{i \in j,k} z_i^2\right)} = \frac{G_{jk} - \left(1 - \sum_{r \in k} x_{rt}^2\right)H_{jk}}{\left(1 - \sum_{r \in k} x_r^2\right)(1 - H_{jk})} \quad (4.21)$$

其中，k代表省；r为k省下面的行政区域单位，根据数据库中企业所对应的地址码信息，行政单位r可以分别为镇、县或市；本章以此套指标估计的基本实证结果中将用r为镇衡量的集聚水平进行估计，稳健性检验中分别使用了r为县和市衡量的集聚指标；j代表行业，由于上下游行业集聚指标的信息限制，行业都是定义在工业数据库中2位行业代码基础上。

S_{jr}是区域r行业j的就业人数占该行业在k省的就业总人数的比重；x_r为区域r就业人数在k省就业总人数中所占的比重；$G_{jk} = \sum_{r \in k}(s_{jr} - x_r)^2$是$k$省行业$j$的基尼系数；$z_{ij}$是行业$j$企业$i$的职工人数占本行业在$k$省就业总人数的比重；$H_{jk} = \sum_{r \in j,k} z_i^2$是行业$j$在地区$k$的赫芬达尔系数。如果$AG_{jk}$大于0，说明行业$j$在$k$省的集聚程度超过了行业$j$的企业集中度，也就是说现实中行业在$k$省集聚超过了随机选择可能产生的行业区域集聚程度。表4-2给出了r分别定义为镇、县和市时，历年各行业集聚程度算术平均的变动情况。

表4-2　各行业集聚程度均值变动情况

r	1999年	2000年	2001年	2002年	2003年	2004年	2005年	2006年	2007年
镇级	0.018	0.009	0.011	0.013	0.018	0.024	0.028	0.025	0.026
县级	0.018	0.009	0.016	0.019	0.029	0.030	0.035	0.034	0.034
市级	0.000	-0.012	0.005	0.008	0.018	0.040	0.040	0.043	0.043

从EG指数的走势来看,当r定义为镇时,各行业各地区的EG指数的平均值在2000年稍有下降,随后开始逐步上升,到2005年达到最大值为0.028。虽然相对于2006年有所上升,但2007的EG指数仍然没有恢复到2005年的水平。以县或市为单位计算时,虽然EG指数均值的绝对值大小略有不同,但变化趋势却基本一致。1999~2007年各级(镇、县、市)的行业集聚水平均呈现整体上升趋势,其中市级的集聚水平增长速度最快、增长幅度最大。将各行业在不同地区的EG指数进行算术平均,并比较相同行业在不同地区的平均集聚程度可以发现,大多数行业在中西部地区的集聚程度最高(如图4-1)。比较相同地区不同行业的集聚程度可以发现,不同地区平均集聚程度最高的行业也有所差异(如图4-2),但有些行业,如皮革、毛皮、羽毛(绒)及其制品,在多个省份都表现出比其他行业更高的平均集聚水平。

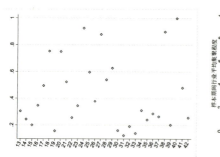

图4-1　各行业集聚程度最高的省份

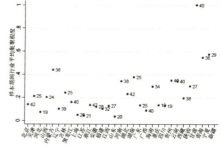

图4-2　各地区集聚程度最高的行业

说明:(1)各行业代码所对应的行业名称见2002年《国民经济行业分类与代码》;38以上的代码需要加上1再进行对应;(2)这里的集聚程度是样本期间内将r定义为镇时相应行业EG的算术平均值;(3)图2中点所对应的本该是行业名称,但为使图形保持清晰,这里也用行业代码代替。

衡量垂直关联行业集聚水平的指标将基于 EG 指数、并结合投入产出的信息得到。从投入-产出的角度来看,一个企业的投入品可能来自不同的行业,同时,其产出品也为其他很多行业所用。因而,属于该企业上游和下游的行业有很多。本章借鉴 Javorcik(2004)衡量上、下游行业外资的方法来计算某一企业上、下游行业的集聚水平。如果记企业 i 所属行业 j 在地区 k 的上游行业的集聚水平为 FAG_{jk},σ_{jm} 为 j 行业使用 m 行业的产品产值在 j 行业总产值中所占比重,则 FAG_{jk} 的计算公式可表述为:

$$FAG_{jk} = \sum_{m,m \neq j} \sigma_{jm} AG_{mk} \tag{4.22}$$

此外,如果将企业 i 所属行业 j 在地区 k 的下游行业的集聚水平记作 BAG_{jk},a_{jm} 为 j 行业被 m 行业使用的产品产值在 j 行业总产值中所占的比重,则 BAG_{jk} 的计算公式可表述为:

$$BAG_{jk} = \sum_{m,m \neq j} a_{jm} AG_{mk} \tag{4.23}$$

式(4.8)和(4.9)中的 AG_{mk} 都为行业 m 在地区 k 的 EG 指数。[①]同前面一样,在基本实证结果中将 r 定义为镇来计算这里的 AG_{mk};而稳健性检验中,则分别以 r 为县或市来计算。σ_{jm} 和 a_{jm} 的大小根据中国投入产出表计算得到。由于投入产出表并非每年都有编制,而且即使在有编制的年份里,投入产出表中的部门也并非都能整理成与本章所使用样本数据中的部门一致,所以在基本回归中,仅利用 2007 年 135 部门投入产出表得到式(4.22)和式(4.23)中 σ_{jm} 和 a_{jm},进而计算各年份 FAG_{jk} 和 BAG_{jk} 的值,类似的处理也曾被 Javorcik(2004)使用。之所以选择 2007 年投入产出表,是因为这一年投入产出表的信息较为详细,制造业行业正好能与工业数据库中 2 位代码行业匹配上,且该年又是样本期间的结束年份。在稳健性检验中,还将结合其他年份投入产出表的信息利用线性化的方法得到上、下游行业的集聚指标,估计结果并没有太大改变。

尽管以 2007 年投入产出表计算出来的 σ_{jm} 和 a_{jm} 每年相同,但 FAG 和 BAG 的值仍然存在一定的差异。表 4-3 给出了历年各行业的上、下游行业集聚程度算术平均值的情况。当集聚指标中的 r 为镇时,上游行业集

[①] 这里 EG 指数的计算公式仍为式(5)。

聚程度的均值最低为 0.003，最高为 0.009。均值最高的行业是化学原料及化学制品制造业，其次为黑色金属冶炼及压延加工业；下游行业集聚程度的均值最低为-0.001，最高为 0.007。均值最高的行业是纺织服装、鞋、帽制造业，其次为通信设备、计算机及其他电子设备制造业；从各行业的上、下游行业在不同地区的平均集聚程度来看，下游行业集聚程度最高的省份主要包括黑龙江、云南、新疆等地，而有些上游行业则在北京和天津等地有最高的平均集聚水平。①从各省的上、下游集聚程度来看，与本行业一样，也有多个上、下游行业在多个省份表现出最高平均集聚水平的特征。

表4-3　各行业的上、下游行业集聚程度均值变动情况

		1999	2000	2001	2002	2003	2004	2005	2006	2007
镇级	FAG_{jk}	0.005	0.003	0.003	0.003	0.005	0.007	0.009	0.008	0.008
	BAG_{jk}	-0.001	0.001	0.001	0.003	0.003	0.006	0.007	0.006	0.006
县级	FAG_{jk}	0.005	0.003	0.005	0.005	0.009	0.009	0.010	0.010	0.011
	BAG_{jk}	0.001	0.001	0.003	0.005	0.007	0.008	0.009	0.009	0.008
市级	FAG_{jk}	0.004	-0.001	0.004	0.002	0.006	0.012	0.012	0.011	0.013
	BAG_{jk}	0.001	0.000	0.004	0.006	0.008	0.011	0.012	0.014	0.014

（2）基于企业数量和企业平均规模构建的集聚指标

从现实来看集聚分为两类：一类是很多小企业在某个地方的集中；一类是少数大企业在某个地方的集中。利用 EG 指数构建集聚指标，很难考察这两类集聚的影响，也难以考察距离的影响。为此，我们构建了另外一套基于企业数量和企业平均规模的集聚指标。企业数量和马歇尔外部性的很多方面密切相关。例如，知识的溢出与企业数量密切相关，当每个企业进行不同类型的知识创造时，所有相邻的企业都会受益（Henderson，2003）。同样，当企业数量增加时，对投入品的数量和质量要求都随之提高。另一方面，企业规模的大小也有可能会影响到相邻企业。给定企业数量，企业平均规模越大，对该地区投入品需求越高。而

---

① 计算上、下游行业平均集聚程度方法与本行业平均集聚程度相同。

且企业规模与企业生产率密切相关。事实上,也有很多研究发现规模较大的企业对相邻企业存在溢出效应(Greenstone, Hornbeck 和 Moretti, 2010; Li, Lu 和 Wu, 2012)。下面是这套指标的详细介绍。

同行业的集聚指标包括以下四个:agg_NC_{jk}、agg_YC_{jk}、agg_NP_{jk}、agg_YP_{jk},各变量的定义如下:

agg_NC_{jk}:与目标企业相同行业(k 行业)相同县(j 县)的企业数量。在计算该指标时,我们将目标企业本身也算在其中,主要原因是保证当某行业和县只有 1 家企业时,该指标不至于缺失。

agg_YC_{jk}:与目标企业相同行业(k 行业)相同县(j 县)的企业平均规模。其计算公式为:

$$agg\_YC_{jk} = \left(\left(\sum_{m \in j,k} Y_m\right) - Y_i\right) \Big/ \left(agg\_NC_{jk} - 1\right) \quad (4.24)$$

其中 Y_i 是企业 i 的产出。当行业 k 在 j 县只有一家企业时,我们将该企业所对应的该指标用 0 替代。

agg_NP_{jk}:与目标企业相同行业相同省但不同县的企业数量。该指标用来估计集聚效应与距离之间的关系。

agg_YP_{jk}:与目标企业相同行业相同省但不同县的企业平均规模,用与目标企业相同行业相同省但不同县的企业总产值除以相应的企业数量得到。这一指标同样用来说明集聚效应与距离之间的关系。

此外,我们也利用相同方法构建了垂直行业间的集聚指标,用来估计具有投入-产出关系的行业间的溢出效应。为避免多重共线性的问题,这里垂直行业间的集聚指标仅考虑与目标企业在相同县的情况,并仅考虑上游行业集聚的影响。所构建的指标包括:$Uagg\_NC_{jk}$、$Uagg\_YC_{jk}$,两个指标的定义如下:

$Uagg\_NC_{jk}$:与目标企业相同县但是目标企业上游行业的企业数量,计算公式为:

$$Uagg\_NC_{jk} = \sum_{m, m \neq k} \sigma_{mk} N_{jm} \quad (4.25)$$

下标 m 表示除了 k 行业以外的行业，σ_{mk} 的定义同前面一样，表示行业 k 使用行业 m 的产品产值在 k 行业总产值中所占的比重。

$Uagg\_YC_{jk}$：与目标企业相同县但是目标企业上游行业的企业平均规模，计算公式为：

$$Uagg\_YC_{jk} = \sum_{m,m\neq k}(\sigma_{mk}Y_{jm})/Uagg\_NC_{jk} \qquad (4.26)$$

估计中，所有集聚变量都取对数。工业调查数据库和工业普查数据库中这些集聚指标的统计性质如表4-4所示。

表4-4 集聚指标的统计性质

	观测值	平均值	标准差	最小值	最大值
工业调查数据					
agg_NC	609331	0.56	0.81	0.00	6.29
agg_YC	609331	4.40	5.11	0.00	17.69
agg_NP	609331	4.12	1.40	0.00	8.04
agg_YP	609331	10.69	1.29	0.00	18.24
Uagg_NC	609217	0.60	1.59	0.00	6.01
Uagg_YC	609058	10.69	0.98	0.08	18.86
工业普查数据					
agg_NC	67013	1.70	1.28	0.00	7.65
agg_YC	67013	7.26	3.74	0.00	17.44
agg_NP	67013	5.86	1.44	0.00	9.20
agg_YP	67013	9.43	1.13	0.00	16.79
Uagg_NC	67013	2.42	1.53	0.00	7.04
Uagg_YC	67013	9.25	0.90	3.27	14.01

第三节 实证模型设定

通常有两种方法来考察生产率的影响因素：一是首先使用计量方法估算出行业或企业的生产率，然后再考察估计出来的生产率与相关因素之间的关系(范剑勇,2006;张海峰和姚先国,2010);二是直接利用生产函数来说明相关变量对生产率的影响(如Henderson,2003)。在第一种方法中,对生产率的估计会随方法的不同而呈现较大差异,且估算过程中会损失掉一些信息,可能导致结果偏误。而第二种方法尽管能够直接利用已有信息,可以避免第一种方法中出现的问题,但又不那么直接。既然两种方法各有利弊,我们同时使用两种方法进行考察。具体来说,以EG指数为基础构建集聚指标时,用第二种方法进行估计;用企业数量和企业平均规模构建集聚指标时,用第一种方法进行估计。

一、间接估计的实证模型

同王争和史晋川(2008)一样,假设生产函数具有规模报酬约束的柯布-道格拉斯的形式,即,

$$Y_{ijkt} = A_{ijkt} L_{ijkt}^{\alpha} K_{ijkt}^{\beta} \tag{4.27}$$

其中,Y_{ijkt}表示地区k行业j的企业i在t时期的增加值;A_{ijkt}、L_{ijkt}、K_{ijkt}分别对应的是企业生产率、劳动投入量和资本投入量。规模报酬假设要求$\alpha + \beta = 1$。将式4.27两边同取对数,得:

$$\ln Y_{ijkt} = \ln A_{ijkt} + \alpha \ln L_{ijkt} + \beta \ln K_{ijkt} \tag{4.28}$$

Marshall(1920)认为,本行业的集聚可以通过知识溢出、劳动力市场共享等途径产生外部性,影响企业生产率。在此基础上,本章进一步认为,某行业上、下游行业的集聚,都会对该行业产生正的外部性,提高该行业企业的生产率。这里的上游行业是指生产本行业产品所需投入品的行业,而下游行业是指在生产过程中使用本行业产品的行业。

上游行业的集聚主要通过两个途径影响下游行业企业(简称"下游企业")的生产率:一是通过增加投入品的多样性。给定下游行业的需求,在不完全竞争环境中,上游行业集聚意味着下游企业能获得的投入品种类越多,从而生产率水平也越高(Broda和Weinstin,2006);二是通过提高企业的专业化程度。当上游行业集聚程度较高时,经济体系内获得中间品的机会增加,而且下游企业外包的成本会比较低,这时下游企业可能会将原来从事的原材料采购、中间品生产、组装等业务外包给上

游行业的企业,使其自身的业务更加集中。而专业化程度越高,企业生产率也将越高(Holmes,1999;Cainelli 和 Iacobucci,2011)。早在20世纪末,Porter(1988)就指出提供零部件、机械和服务、特殊基础设施的供应商集聚有利于提高企业竞争力。

另外,下游行业集聚也可通过以下两个途径对上游行业企业(简称"上游企业")的生产率产生影响:第一,下游行业集聚会影响到上游企业的产出。下游行业的集聚将增加对上游企业产品需求,从而节约了上游企业的运输成本,有利于上游企业规模扩大。在学习效应作用下,上游企业的生产率会得以提升;第二,下游行业的集聚促使上、下游企业在更大程度上进行合作。下游行业的集聚一方面使得下游行业在产品市场上的竞争加剧,另一方面也引起了对上游投入品需求竞争的加剧。为了提高保证中间投入品供给的连续性并提高产品在市场上的竞争力,下游企业更倾向于同上游企业进行合作。在这个合作中,下游企业向其上游企业提供资金进行研发,帮助上游企业进行管理培训,组织生产流程,控制质量,以及购买原材料等(Javorcik,2004),这些都将有利于上游企业生产率的提高。

根据前面的定义,以 AG_{jkt} 表示企业 i 所属行业 j 在地区 k 的集聚水平,FAG_{jkt} 表示企业 i 所属行业 j 的上游行业在地区 k 的集聚水平,BAG_{jkt} 表示企业 i 所属行业 j 的下游行业在地区 k 的集聚水平,则生产率的对数可以进一步写成如下形式,

$$\ln A_{ijkt} = \gamma_1 AG_{jkt} + \gamma_2 FAG_{jkt} + \gamma_3 BAG_{jkt} + X_{ijkt} \tag{4.29}$$

上式中的 X_{ijkt} 包括影响企业生产率的可观测变量、不可观测且不随时间变化的变量(δ)以及随机扰动项(ε)。根据已有研究,这里的可观测变量包括企业年龄(Age)、负债率($Debt$)、出口强度($Export$)等。企业年龄是当年与企业成立年份之差。企业年龄越大,意味着在市场上的竞争力越强、以及从过去经验中积累了更多的知识和技术,将会有更高的生产率,因而预期该变量前的系数为正。负债率是企业债务总额与资产总额之比。负债率越高的企业,研发等创新活动受到资金约束的程度越大,从而不利于生产率的提高,预期该变量前面的系数为负。出口强度

用企业总出口与当年增加值之比进行衡量。企业出口与企业生产率有着密切联系,出口企业能在参与国际活动中学到更多,从而生产率将会更高(Greenaway 和 Kneller,2004)。不同所有制企业的生产率水平存在较大差异。外商投资企业的生产率比国内企业生产率更高(Jefferson 等,2000),而国有企业的生产率比其他所有制企业的生产率更低(Jefferson 等,2003)。因而本章根据所有制将企业分成国有、外商投资、私营和其他四类,以其他作为对照组,构建国有企业(SOE)、外商投资企业($Foreign$)和私营企业($Private$)三个虚拟变量控制所有制对生产率的影响。由于集聚对生产率的影响还可能与企业规模相关,在可观测的变量中,本章还包含了各集聚变量与企业规模的交互项,交互项中的企业规模借鉴 Lin,Li 和 Yang(2011)的做法,用企业劳动投入的对数来表示。将式(4.29)代入式(4.28)得到第二种方法的最终估计方程:

$$\ln Y_{ijkt} = \gamma_1 AG_{jkt} + \gamma_2 FAG_{jkt} + \gamma_3 BAG_{jkt} + \gamma_4 AG_{jkt} \times \ln L_{ijkt} + \gamma_5 FAG_{jkt} \times \ln L_{ijkt} \\ + \gamma_6 BAG_{jkt} \times \ln L_{ijkt} + \gamma_7 Age_{ijkt} + \gamma_8 Debt_{ijkt} + \gamma_9 Export_{ijkt} + \gamma_{10} SOE_{ijkt} \\ + \gamma_{11} Foreign_{ijkt} + \gamma_{12} Private_{ijkt} + a\ln L_{ijkt} + \beta \ln K_{ijkt} + \delta_{ijk} + \varepsilon_{ijkt} \quad (4.30)$$

二、直接估计的实证模型

直接利用生产函数进行估计的实证模型如下:

$$\ln TFP_{ijkt} = \alpha + \beta_1 Horizontal_{jkt} + \beta_2 Horizontal_{mkt} + \beta_3 Upstream_{jkt} \\ + \gamma X_{ijkt} + \eta_i + \eta_t + \eta_j + \eta_k + \varepsilon_{ijkt} \quad (4.31)$$

被解释变量是 k 行业 j 地区 i 企业生产率的对数。右边第一项为常数项,第二项到第四项是第二套集聚指标。$Horizontal_{jkt}$ 是相同行业相同县集聚指标向量,包括两个变量:agg_NC 和 agg_YC。$Horizontal_{mkt}$ 是相同行业相同省但不同县的集聚指标向量,包括 agg_NP 和 agg_YP 两个变量。$Upstream_{jkt}$ 为上游行业的集聚向量,包括 $Uagg\_NC$ 和 $Uagg\_YC$。所有衡量集聚程度的变量在估计中都取对数,因而集聚变量前面的估计系数应被解释为弹性。

第五项 X_{ijkt} 代表其他可能影响生产率的变量。这里除了在式(4.30)中出现的变量外,还包括了以下变量:(1)研发投入的对数(R&D);研发投入越高的企业,越有可能获得新技术,从而生产率越高;(2)市场份额(Market Share),用企业产出在总产出中所占比重表示。企业在市场上所占份额越高,垄断能力越强从而利润加成也越大,表现出较高的生产率;(3)企业所在县的劳动力质量,用平均工资(wage)作为其代理变量。企业雇用工人拥有的技能越高,可以预期其生产率也会越高。最后,分别用η_i、η_t、η_j、η_k表示企业、时间、地区和行业的固定效应,ε_{ijkt}为服从标准正态分布的扰动项。

第四节 估计结果

一、间接估计的实证结果

(一)基本结果

在利用间接估计实证模型时,我们仅利用工业调查数据的样本。表4-5列示了固定效应和随机效应估计结果。其中,本行业集聚指标和构造上、下游行业集聚指标中所需要的AG都将r定义为镇计算得到。第1列和第2列仅控制了出现在式(4.30)中的变量。由于行业与行业之间存在较大的差异,不对这种差异进行控制可能导致结果不合理,为此,我们进一步控制了2位码行业的固定效应,结果为表4-5的第3列和第4列。Porter(1988)曾指出,集聚会使竞争加剧,从而对企业生产率有不利的影响,这意味着本行业集聚与生产率的关系可能呈非线性。为检验这种非线性关系是否成立,我们借鉴Lin等(2011)的方法,在基本回归方程中加入本行业集聚水平的二次项AG^2_{jkt}进行估计,结果为表4-5的第5列和第6列;此外,由于过去几十年里,进入我国的外资有一半以上来自港澳台地区,本章将外资企业(Foreign)进一步划分为港澳台商投资企业(HMTFE)和其他外商投资企业(OFE)后再进行估计,结果报告在第7列和第8列。Hausman检验结果显示,对于各组而言,固定效应的估计结果都要优于随机效应。根据较优的估计结果,我们有以下发现:

表 4-5 基本估计结果

	FE	RE	FE	RE	FE	RE	FE	RE
AG	2.321***	2.762***	2.309***	2.930***	2.310***	3.006***	2.309***	2.932***
	(0.113)	(0.102)	(0.113)	(0.101)	(0.113)	(0.102)	(0.113)	(0.101)
$AG \times \ln L$	-0.455***	-0.521***	-0.453***	-0.535***	-0.453***	-0.534***	-0.453***	-0.536***
	(0.021)	(0.019)	(0.021)	(0.019)	(0.021)	(0.019)	(0.021)	(0.019)
AG^2					-0.010	-0.758***		
					(0.071)	(0.067)		
FAG	7.621***	12.972***	7.596***	11.458***	7.596***	11.457***	7.595***	11.463***
	(0.277)	(0.246)	(0.279)	(0.251)	(0.279)	(0.251)	(0.279)	(0.250)
$FAG \times \ln L$	-1.434***	-2.212***	-1.421***	-2.037***	-1.421***	-2.038***	-1.420***	-2.040***
	(0.053)	(0.048)	(0.053)	(0.048)	(0.053)	(0.048)	(0.053)	(0.048)
BAG	10.102***	13.313***	10.134***	13.910***	10.134**	13.894***	10.132***	13.911***
	(0.461)	(0.423)	(0.462)	(0.423)	(0.462)	(0.423)	(0.462)	(0.423)
$BAG \times \ln L$	-2.090***	-2.220***	-2.108***	-2.349***	-2.108***	-2.345***	-2.107***	-2.344***
	(0.090)	(0.083)	(0.090)	(0.083)	(0.090)	(0.083)	(0.090)	(0.083)
Age	0.082***	0.005***	0.082***	0.004***	0.082***	0.004***	0.082***	0.004***
	(0.000)	(0.000)	(0.000)	(0.000)	(0.000)	(0.000)	(0.000)	(0.000)
$Debt$	-0.051***	-0.055***	-0.051***	-0.063***	-0.051***	-0.063***	-0.051***	-0.063***
	(0.004)	(0.004)	(0.004)	(0.004)	(0.004)	(0.004)	(0.004)	(0.004)
$Export$	-0.063***	-0.060***	-0.063***	-0.054***	-0.063***	-0.054***	-0.063***	-0.054***
	(0.001)	(0.001)	(0.001)	(0.001)	(0.001)	(0.001)	(0.001)	(0.001)
SOE	-0.016**	-0.330***	-0.017***	-0.339***	-0.017***	-0.338***	-0.017***	-0.339***
	(0.005)	(0.004)	(0.005)	(0.004)	(0.005)	(0.004)	(0.005)	(0.004)
$Foreign$	0.037***	0.235***	0.037***	0.253***	0.037***	0.253***		
	(0.008)	(0.004)	(0.008)	(0.004)	(0.008)	(0.004)		
$HMTFE$							0.042***	0.187***
							(0.008)	(0.004)
OFE							0.032***	0.321***
							(0.009)	(0.004)
$Private$	0.124***	0.327***	0.124***	0.328***	0.124***	0.327***	0.124***	0.328***
	(0.002)	(0.002)	(0.002)	(0.002)	(0.002)	(0.002)	(0.002)	(0.002)
$\ln L$	0.736***	0.703***	0.736***	0.711***	0.736***	0.711***	0.736***	0.711***
	(0.001)	(0.001)	(0.001)	(0.001)	(0.001)	(0.001)	(0.001)	(0.001)

ln K	0.264***	0.297***	0.264***	0.289***	0.264***	0.289***	0.264***	0.289***
	(0.001)	(0.001)	(0.001)	(0.001)	(0.001)	(0.001)	(0.001)	(0.001)
Constant	2.292***	2.750***	2.316***	3.012***	2.316***	3.012***	2.316***	3.013***
	(0.006)	(0.005)	(0.020)	(0.007)	(0.020)	(0.007)	(0.020)	(0.007)
industry	NO	NO	YES	YES	YES	YES	YES	YES
Hausman 检验 p 值		0.000		0.000		0.000		0.000
R^2	0.251	0.212	0.252	0.211	0.252	0.211	0.252	0.211
观测值	1050294	1050294	1050294	1050294	1050294	1050294	1050294	1050294

说明：括号内为标准差；***、**、*分别表示在1%、5%和10%的水平上显著，下同。

1. 集聚水平对生产率的影响

集聚水平对企业生产率的影响表现为三方面：首先，不管是否加入行业的虚拟变量，AG的估计系数都为正，并且在1%的水平上显著。这意味着本行业的集聚程度越高，企业生产率也越高。这一发现与Henderson（2003）的研究结论基本一致。从第3列的估计结果可以看出，本行业集聚水平每增加0.01，将使企业增加值提高约2.31%；其次，尽管AG二次项的估计系数为负，但并不显著。这一估计结果表明，生产率与其所在行业集聚程度并不存在非线性的关系。造成这一结果的可能原因是，某些行业集聚程度较低，还没有达到不利于生产率的水平，其对生产率的正向影响抵消了高集聚行业的负向影响。第三，BAG和FAG的估计系数也都在1%的水平上显著为正。第3列的估计结果表明，上游行业集聚水平每增加0.01，将使企业增加值提高约7.60%；下游行业集聚水平每增加0.01，将使企业增加值提高约10.13%。这意味着配套产业的发展的确有正的外部性，能够促进企业生产率的提高。由于上游或下游行业集聚会提高其下游或上游企业的生产率，因而，行业垂直关联也是影响集聚的重要因素之一。这一发现与路江涌和陶志刚（2006）、Ellison等（2010）等利用共同集聚指标方法得到的结论一致。

2. 企业规模与产业集聚对生产率的影响

从集聚指标与企业规模交叉项的系数来看，不管是基本的估计模型还是加入了其他变量之后，各集聚指标与企业规模交叉项的系数都显著为负。这意味着规模较小企业的生产率受到集聚外部性的影响更大,不管这种外部性是由本行业集聚带来的,还是其上、下游行业集聚带来的。出现这一结果的可能原因是,小企业在吸引高技术人才、购买中间投入品和最终商品交易的单位成本都较大企业更高,拥有的技术知识储备一般也比大企业少,因而,集聚所带来的好处能更大幅度降低小企业吸引人才和交易的成本,也能更大幅度地提高小企业的技术和知识储备量,也即小企业能从集聚中获益更多,从而生产率提高程度相应的更大。

3. 其他因素对生产率的影响

除以上集聚水平和企业规模以外,其他因素也都会对企业生产率产生影响,而且影响的方向不因模型中增加了其他变量而发生变化。具体来说,企业年龄(Age)对生产率有显著为正的影响,这主要有两方面的原因:其一,企业存活时间越久,意味着能经受各种不利冲击的能力越强,也意味着其竞争力越强,生产率本来就较高;其二,存活时间越长,企业在过去生产过程中积累的经验越多,生产率也会更高。对于负债率($Debt$)而言,其与生产率存在着负向的关系,同吴延兵(2006)的估计结果一致。出口($Export$)变量前的系数显著为负,意味着出口企业生产率低于不出口的企业,与出口企业存在"自我选择"的假说相反,但却与很多以我国为样本考察两者关系的研究结论一致(如李春顶等,2010),相关解释包括加工贸易的影响,国内市场分割等。从所有制结构(Own)与生产率的关系来看,外资企业,不管是港澳台外商投资企业还是其他外商投资企业,和私人企业的生产率都较国有企业高,这一结论与其他很多研究一致(如 Chen 和 Feng,2000;Jefferson et al.,2003)。

(二) 稳健性检验

为检验上述结论是否具有稳健型,这里进一步考察了可能存在的内生性问题、集聚指标的不同度量方法以及不同估计方法。

首先,可能存在的内生性问题及解决方法。近年来,随着企业异质性的假设被引入到经济地理学领域中,很多研究得出了高生产率企业倾向于"自我选择"集聚在一起的结论(Ottaviano,2011),从而被解释变量和解释变量之间的双向因果关系可能会导致内生性问题。解决这一问题的最好方法是寻找工具变量。但在理想工具变量不可获得的情况下,相应解释变量的滞后期成为替代选择。尽管这种方法不尽完美,但在一定程度上能够缓解由于双向因果关系导致的估计偏误(Stiebale,2011),类似的处理在已有研究中广泛使用(Greenaway等,2007)。为此,本章也利用相应集聚指标滞后一期代替当期重新进行面板数据的固定效应和随机效应估计,结果如表4-6的前两列所示。

其次,利用不同方法构建集聚指标并进行估计。我们利用了另外三种方法构建集聚指标,其中,前两种方法将式(4.21)中的r分别定义为县和市,第三种方法中式(4.21)的r仍然表示镇,但在计算上、下游行业集聚时,借鉴钱学锋等(2011)的方法,通过对2002和2007年的投入产出系数进行线性化处理得到相应年份的σ_{im}和a_{jm}。面板数据的估计结果分别为表4-6的第3~8列。

最后,采用多层数据线性方法进行估计。由于集聚指标是以省为单位在2位码行业层面上计算得到,因此同省相同行业的企业在同一年份中有相同的解释变量,即本章使用的数据呈现时间、企业和行业三层级的特征。一般面板数据估计方法仅考虑了时间和企业两个层级,可能会导致结果有偏。因此,我们利用三层数据线性模型、并选择随机效应协方差矩阵呈现松散(unstructured)结构的一般假设进行估计,结果报告在表4-6的最后一列。

表4-6 稳健性检验的结果

	各集聚指标取滞后一期		EG衡量集聚水平（r为县）		EG衡量集聚水平（r为市）		EG衡量集聚水平（线性化投入产出系数）		多层数据线性估计方法
	FE	RE	FE	RE	FE	RE	FE	RE	
AG	2.069***	2.630***	2.460***	2.853***	1.590***	1.792***	2.312***	2.947***	2.966***
	(0.129)	(0.113)	(0.098)	(0.087)	(0.054)	(0.047)	(0.113)	(0.102)	(0.104)
AG×ln L	-0.405***	-0.483***	-0.481***	-0.533***	-0.320***	-0.350***	-0.459***	-0.533***	-0.546***
	(0.024)	(0.021)	(0.018)	(0.016)	(0.010)	(0.009)	(0.021)	(0.019)	(0.020)
FAG	6.201***	10.381***	6.621***	9.610***	3.798***	5.028***	4.531***	7.338***	11.283***
	(0.317)	(0.281)	(0.227)	(0.199)	(0.130)	(0.112)	(0.206)	(0.192)	(0.254)

$FAG \times \ln L$	-1.231***	-1.879***	-1.254***	-1.715***	-0.753***	-0.890***	-0.799***	-1.343***	-2.003***
	(0.060)	(0.054)	(0.044)	(0.039)	(0.025)	(0.022)	(0.038)	(0.035)	(0.049)
BAG	6.693***	10.909***	11.151***	13.468***	5.110***	5.914***	2.994***	4.033***	14.711***
	(0.507)	(0.457)	(0.368)	(0.325)	(0.200)	(0.175)	(0.225)	(0.215)	(0.436)
$FAG \times \ln L$	-1.460***	-1.777***	-2.239***	-2.403***	-1.043***	-1.120***	-0.595***	-0.736***	-2.511***
	(0.098)	(0.089)	(0.072)	(0.065)	(0.039)	(0.035)	(0.043)	(0.041)	(0.085)
Age	0.075***	-0.003***	0.083***	0.004***	0.083***	0.005***	0.082***	0.004***	0.004***
	(0.001)	(0.000)	(0.000)	(0.000)	(0.000)	(0.000)	(0.000)	(0.000)	(0.000)
$Debt$	-0.076***	-0.123***	-0.050***	-0.061***	-0.051***	-0.061***	-0.052***	-0.065***	-0.064***
	(0.005)	(0.005)	(0.004)	(0.004)	(0.004)	(0.004)	(0.004)	(0.004)	(0.004)
$Export$	-0.094***	-0.077***	-0.062***	-0.052***	-0.063***	-0.053***	-0.063***	-0.054***	-0.0054***
	(0.002)	(0.001)	(0.001)	(0.001)	(0.001)	(0.001)	(0.001)	(0.001)	(0.001)
SOE	-0.019***	-0.309***	-0.016***	-0.336***	-0.019***	-0.339***	-0.016***	-0.344***	-0.339***
	(0.006)	(0.005)	(0.005)	(0.004)	(0.005)	(0.004)	(0.005)	(0.004)	(0.004)
$Foreign$	0.026***	0.248***	0.038***	0.257***	0.040***	0.262***	0.036***	0.251***	0.252***
	(0.009)	(0.004)	(0.008)	(0.004)	(0.008)	(0.004)	(0.008)	(0.004)	(0.004)
$Private$	0.068***	0.268***	0.124***	0.329***	0.123***	0.325***	0.124***	0.330***	0.326***
	(0.002)	(0.002)	(0.002)	(0.002)	(0.002)	(0.002)	(0.002)	(0.002)	(0.002)
$\ln L$	0.724***	0.698***	0.740***	0.713***	0.738***	0.712***	0.734***	0.709***	0.710***
	(0.001)	(0.001)	(0.001)	(0.001)	(0.001)	(0.001)	(0.001)	(0.001)	(0.001)
$\ln K$	0.276***	0.302***	0.260***	0.287***	0.262***	0.288***	0.266***	0.291***	0.290***
	(0.001)	(0.001)	(0.001)	(0.001)	(0.001)	(0.001)	(0.001)	(0.001)	(0.001)
$Constant$	2.358***	3.174***	2.320***	3.007***	2.319***	2.997***	2.314***	3.018***	2.838***
	(0.024)	(0.009)	(0.020)	(0.007)	(0.020)	(0.008)	(0.020)	(0.007)	(0.008)
industry	YES	YES	YES	YES	YES	YES	YES	YES	YES
Hausman 检验 p 值		0.000		0.000		0.000		0.000	
R^2	0.208	0.164	0.252	0.211	0.252	0.211	0.252	0.210	
观测值	741630	741630	1050255	1050255	1048220	1048220	1050294	1050294	1050294

从估计结果来看,当使用多层线性估计方法时,各集聚指标对应系数的绝对值都较基本估计结果中的第3列有所上升。而在考虑了内生性问题和利用不同方法构建集聚指标的情形中,三个集聚指标估计系数的变化趋势没有明显规律。但不管做何种检验,各集聚指标前面系数的符

号都与基本估计结果保持一致,系数绝对值的差异也较小,这表明本章的估计结果具有较强的稳健性。其他变量的影响方向也都与基本估计结果保持相同,即集聚对生产率的影响与企业规模呈反向关系;负债率越高的企业,生产率越低;私营企业、外商投资企业的生产率显著高于其他类型的企业,而国有企业的生产率则显著低于其他所有制企业。

(三)集聚的相对贡献

上述估计得到了集聚对生产率的影响方向及影响大小,但要充分认识集聚在中国制造业企业竞争力形成中的作用,还需要知道相对于其他因素而言,集聚的重要程度有多大。本章这一部分利用Shapley值分解方法(Shapley value decomposition)对该问题进行回答。Shapley值分解方法由Huettner和Sunder(2012)提出,基本思想是将回归后的拟合优度统计量R^2进行分解,得到每个(或一组)解释变量对拟合优度的贡献,以判断各(或一组)自变量在解释因变量波动中的相对重要性。这种方法的优点在于它不仅适应于包含交互项自变量的回归方程,而且能计算外生进行组合的多个解释变量的贡献。由于基本估计结果中各系数相差不大,且从经济含义上讲,加入行业固定效应的结果更为可靠,因而,在考察各集聚变量的贡献时,我们选择对表4-5第3列的R^2进行分解;此外,我们也利用表4-5第3列的模型估计了各行业的样本并进行Shapley值分解,本行业、上游行业和下游行业集聚变量在解释可被模型解释的增加值波动中的贡献如表4-7所示。

分行业来看,各集聚变量在不同行业可被解释的增加值波动中的贡献差异较大,在有些行业里甚至发挥着非常重要的作用。本行业集聚贡献最大的是印刷、记录媒介复制业,贡献率为14.47%;贡献最小的是黑色金属冶炼及压延加工,贡献率仅有0.20%。上游行业集聚贡献最大的是纺织服装、鞋、帽制造业,贡献率为23.78%;贡献率最小的是印刷、记录媒介复制业,贡献率为1.08%。有6个行业的下游行业集聚贡献率高于15%,最高的甚至达到25.16%。下游行业集聚贡献最低的是有色金属冶炼及压延加工业,贡献率为1.26%。总的来说,相对于本行业集聚,上、下游行业集聚对生产率的贡献更大。

表4-7 本行业和上、下游行业集聚对各行业生产率的平均贡献率 （单位:%）

行业名称	AG	FAG	BAG	行业名称	AG	FAG	BAG
农副食品加工业	5.663	9.386	15.445	化学纤维制造业	1.264	22.507	2.307
食品制造业	8.056	2.546	10.710	橡胶制品业	2.100	18.095	7.976
饮料制造业	0.679	13.994	17.799	塑料制品业	5.466	21.420	4.362
烟草制造业	1.694	16.053	7.342	非金属矿物制品业	10.547	12.528	5.246
纺织业	2.116	13.831	7.745	黑色金属冶炼及压延加工业	0.202	12.416	4.593
纺织服装、鞋、帽行业	7.538	23.775	9.447	有色金属冶炼及压延加工业	0.974	17.195	1.256
皮羽毛(绒)及其行业	9.070	14.987	18.716	金属制品业	2.745	21.300	1.725
木材加工及其制品业	13.174	8.615	9.940	通用设备制造业	3.420	13.610	3.279
家具制造业	5.199	15.059	18.726	专用设备制造业	1.314	18.138	4.957
造纸及纸制品业	4.599	17.345	3.487	交通运输设备制造业	4.918	16.543	4.209
印刷、记录媒介复制业	14.468	1.075	6.341	电气机械及器材制造业	5.090	15.632	11.001
文教体育用品制造业	1.212	17.715	25.159	通信设备等电子设备制造业	8.000	9.574	17.944
石油、核燃料加工业	1.783	3.713	11.316	文化、办公用机械制造业	6.789	12.760	11.588
化学原料及制品行业	1.368	12.785	2.640	工艺品及其他制造业	4.666	17.489	14.575
医药制造业	2.044	20.156	9.246	废品废料	2.806	4.811	4.517

二、直接估计的实证结果

  这部分报告的是基于直接估计实证模型得到的结果。集聚指标根据企业数量和企业平均规模进行构建。估计中,我们考察了不同类型的集聚效应、集聚效应与距离之间的关系以及私营企业的集聚效应。同前面一样,为避免可能存在的内生性问题,估计时,所有的集聚变量都取滞后一期。

（一）基于工业调查数据估计的结果

表4-8为工业调查数据的估计结果。第1列仅包含了同行业和同县的集聚指标。结果显示，企业平均规模（agg_YC）与企业生产率之间呈显著的正相关关系，而企业数量（agg_NC）的影响则为负但并不显著。企业数量前不显著的估计系数意味着集聚对企业生产率的正向溢出效应可能被负向挤出效应所抵消。企业平均规模前显著为正的系数说明大企业的集聚更有利于生产率的提高。

第2列中，当加入不同县的集聚指标以及上游行业集聚指标时，agg_NC前面的估计系数变得显著为负，系数大小说明，当相同行业相同县的企业数量增加1倍时，企业生产率下降1.2%。另一方面，相同行业相同省但不同县的集聚变量前面的系数显著为正，系数大小说明，当该范围内的企业数量增加1倍时，企业生产率提高1.3%。企业数量的集聚效应在距离较近的范围内反而更大的事实再次说明，在中国，集聚存在较大的挤出效应。集聚的这种挤出效应在企业平均规模上也得以体现，即相同行业相同县集聚指标（agg_YC）的估计系数较相同省但不同县（agg_YP）的小。

此外，相同县上游行业不管是企业数量还是企业平均规模集聚指标的估计系数都显著为正，且估计系数都较相同地区相同行业相应集聚指标的估计系数大。具体而言，相同县上游行业企业数量或平均规模增加1倍，企业生产率将平均分别增加3.2%和5.2%。因而，上游行业的集聚效应较同行业更大，与利用间接估计实证模型的结论一致。F统计量表明，所有集聚变量都联合显著。这意味着遗漏掉其中某个集聚变量将会导致设定误差，并且有可能不能准确衡量集聚对生产率的贡献。

第3~5列分别考察的是集聚对国有企业、私营企业和外资企业生产率的影响。估计结果发现，上述估计结果多数是由私营企业导致的。例如，相同行业相同县企业数量的负向影响仅存在于私营企业的样本中；相同行业企业平均规模也仅对私营企业才有显著为正的影响。这些估计结果意味着私营企业市场参与程度更深，因而更容易受到集聚的影响。对于上游行业集聚指标,企业数量(Uagg_NC)和企业平均规模(Uagg_YC)不管是对国有企业、私营企业还是外资企业都有显著为正的影响,但相对于国有企业和外资企业,私营企业从上游行业集聚中获益更多。总的来说,分所有制估计的结果显示,不管是挤出效应还是产生正向的溢出效应,集聚对私营企业的影响都最大。

表4-8 利用工业调查数据估计的结果

样本	所有(1)	所有(2)	国企(3)	私企(4)	外企(5)
集聚指标					
(1) agg_YC	0.004***	0.004***	0.001	0.004***	0.003**
	(8.97)	(7.99)	(0.52)	(8.09)	(2.92)
(2) agg_NC	−0.002	−0.012***	0.001	−0.016***	0.001
	(−0.73)	(−4.54)	(0.06)	(−5.37)	(0.21)
(3) agg_YP		0.010***	0.003	0.014***	−0.001
		(5.30)	(0.59)	(5.79)	(−0.13)
(4) agg_NP		0.013***	0.032***	0.008**	0.009
		(5.12)	(3.61)	(2.72)	(1.61)
(5) Uagg_YC		0.052***	0.028***	0.060***	0.035***
		(18.31)	(3.11)	(17.63)	(5.16)
(6) Uagg_NC		0.032***	0.024**	0.037***	0.027***
		(13.10)	(2.93)	(12.52)	(4.60)
RD Investment	0.003***	0.003***	0.009***	0.003***	0.004**
	(5.11)	(5.05)	(4.20)	(3.13)	(2.57)
Market Share	7.065***	7.275***	3.378***	9.452***	6.881***
	(19.79)	(20.13)	(4.14)	(15.82)	(10.26)
Debt Ratio	−0.077***	−0.075***	−0.046***	−0.083***	−0.051***
	(−17.83)	(−17.56)	(−3.92)	(−13.93)	(−6.38)
Export Ratio	−0.084***	−0.084***	−0.052	−0.032***	−0.144***
	(−13.76)	(−13.72)	(−1.19)	(−3.97)	(−15.17)
Age	−0.010***	−0.011***	−0.039***	0.003	0.030***

	(-4.25)	(-4.57)	(-4.15)	(1.22)	(3.37)
Average Wage	0.156***	0.149***	0.087***	0.142***	0.212***
	(28.27)	(26.96)	(4.28)	(21.96)	(16.02)
Constant	2.036***	1.298***	0.353	2.543***	-1.270
	(8.13)	(5.13)	(0.49)	(3.01)	(-1.24)
Prob F	0.000	0.000	0.000	0.000	0.000
R^2	0.484	0.480	0.137	0.371	0.289
观测值	849775	849775	77849	582251	183863

（二）基于工业普查数据估计的结果

由于工业普查数据只有一年，所以利用工业普查数据构建集聚指标进行估计时，估计方法只能用横截面的OLS，且无法控制企业的异质性。如果企业间的异质性同时影响生产率和选址，利用横截面OLS估计的结果将是有偏的。此外，估计的结果仅代表集聚对2005年企业生产率的影响。因此，这里的估计结果与利用工业调查数据估计的结果的可比性不那么高。

表4-9是利用工业普查数据估计的结果。尽管利用工业调查数据和工业普查数据得到估计结果的可比性不高，但我们发现，表4-9的估计结果和表4-8的估计结果非常相似。例如，相同行业相同县的企业数量（agg_NC）前面的估计系数都显著为负，这意味着集聚将导致严重的挤出效应。在第2列中，当相同行业相同省不同县的集聚指标和上游行业集聚指标加入到估计模型中时，相同行业相同县企业数量对生产率的不利影响变得更大。与表4-8不同的是，相同行业相同省但不同县企业数量（agg_NP）的估计系数变成了负数。但同前面一样的是agg_NP的估计系数仍较agg_NC的小。对于企业平均规模，agg_YC和agg_YP的估计系数同表4-8一样都是显著为正。上游行业的集聚指标同样也都是显著为正。

然而，分所有制的样本进行估计的结果发现，受集聚影响最大的不再是私营企业。例如，相同行业相同县企业数量对国有企业生产率有显著为负的影响，但对私营企业和外资企业生产率的影响却不显著。这有可能是因为在与私营企业和外资企业竞争过程中，国有企业丧失了市场份额和利润。上游行业企业数量对国有企业和私营企业的生产率都有显著为正的影响，且从系数大小来看，国有企业从上游行业集聚中获益更多。此外，从企业平均规模的估计系数来看，国有企业和外资企业从相邻大企业中获益较私营企业多。

表4-9 利用工业普查数据估计的结果

样本	所有(1)	所有(2)	国企(3)	私企(4)	外企(5)
集聚指标					
(1) agg_YC	0.058***	0.052***	0.054***	0.038***	0.059***
	(55.90)	(49.89)	(17.11)	(31.49)	(21.90)
(2) agg_NC	-0.006***	-0.023***	-0.072***	-0.004	-0.004
	(-3.50)	(-9.98)	(-6.39)	(-1.45)	(-0.72)
(3) agg_YP		0.066***	0.065***	0.062***	0.023**
		(15.30)	(5.74)	(11.96)	(2.04)
(4) agg_NP		-0.006*	-0.011	-0.001	0.015*
		(-1.65)	(-0.82)	(-0.22)	(1.67)
(5) Uagg_YC		0.124***	0.178***	0.084***	0.128***
		(34.74)	(14.91)	(20.61)	(14.76)
(6) Uagg_NC		0.046***	0.155***	0.023***	-0.020***
		(16.61)	(15.49)	(7.24)	(-2.94)
RD Investment	0.129***	0.129***	0.187***	0.115**	0.107**
	(99.01)	(99.02)	(48.07)	(71.83)	(38.61)
Market Share	68.861***	67.599***	46.829***	74.325***	70.663***
	(103.65)	(102.07)	(28.19)	(72.67)	(59.67)
Debt Ratio	-0.172***	-0.176***	-0.272***	-0.134***	0.006
	(-25.20)	(-25.89)	(-12.47)	(-15.82)	(0.41)
Export Ratio	0.167***	0.151***	0.511***	0.125***	-0.073***
	(22.90)	(20.82)	(9.02)	(12.98)	(-5.87)

Age	-0.011***	-0.011***	-0.127***	0.044***	0.033***
	(-4.30)	(-4.07)	(-13.17)	(15.21)	(4.75)
Average Wage	0.037***	0.135***	0.045	0.197***	0.071***
	(4.38)	(14.28)	(1.39)	(18.21)	(3.13)
Constant	5.753***	4.594***	3.379***	5.124***	4.927
	(162.27)	(76.72)	(17.25)	(74.67)	(25.45)
Prob F	0.000	0.000	0.000	0.000	0.000
R^2	0.243	0.249	0.443	0.216	0.226
观测值	215076	215076	21178	147185	46713

（三）不同所有制企业集聚的影响

不同所有制企业不仅受集聚的影响不同，而且其集聚效应也有可能有所差异。例如，外资企业经常被认为会产生技术溢出。私营企业一般较国有企业和外资企业小，考虑到由于资源限制，小企业更倾向同其他企业交流或进行外包活动（Rosenthal和Strange，2001），所以私营企业很可能会是集聚效应的主要来源。国有企业政治背景强大，大都有一定的行政垄断权力，从而其外溢效应可能较其他所有制企业小。为了考察哪类所有制企业是集聚效应的来源，我们分别基于国有企业、私营企业和外资企业的样本构建集聚指标，并重新估计表4-8第2列的模型。结果报告在表4-10中。

方便起见，这里仅报告集聚指标的估计系数。第1~3列分别是国有企业、私营企业和外资企业集聚对所有企业平均生产率影响的估计结果。从估计结果可以看出，不管集聚指标是基于哪种所有制企业样本构建的，agg_NC变量前面的系数都不显著。仅当利用私营企业和外资企业为样本构建集聚指标时，agg_YC变量前面的系数才为正，但显著性水平并不高。仅当利用私营企业为样本构建集聚指标时，agg_NP前面的估计系数才显著为正。比较agg_YC变量的估计系数可以发现，私营企业平均规模提高的影响较其他所有制企业大。

值得注意的是,上游行业的集聚效应也主要是由上游私营企业带来的。上游私营企业数量(Uagg_NC)的增加对生产率有显著为正的影响,而上游外资企业或国有企业数量增加对生产率的影响要么不显著,要么显著为负。上游外资企业集聚的负向影响可能是由于其加剧了劳动力市场的竞争导致的。上游私营企业平均规模的增加也有利于生产率提高,且影响要远远高于上游外资企业平均规模增加的影响。总的来说,这些结果表明私营企业集聚是中国制造业行业集聚效应的重要来源。

第4~6列报告的是不同所有制企业集聚对私营企业生产率的影响。估计结果和前面类似,相同省但不同县的私营企业平均规模和企业数量对私营企业生产率的影响要远远高于外资企业和国有企业相应变量的影响。这意味着私营企业从相邻的相同所有制企业受益较从相邻其他所有制企业受益更多。此外,相同行业不同县的私营企业数量对私营企业生产率有显著为正的影响,但相同范围内的外资企业和国有企业的影响则不显著。最后,也仅有上游行业私营企业的数量才对私营企业生产率有显著为正的影响。从而,私营企业从私营企业自身的集聚中获益更多。

表4-10 不同所有制企业的集聚效应(工业调查数据)

样本 集聚的来源	所有企业			私营企业		
	国企(1)	私企(2)	外企(3)	国企(4)	私企(5)	外企(6)
(1) agg_YC	-0.001	0.002***	0.001**	0.000	0.027***	0.006**
	(-1.53)	(4.16)	(2.43)	(0.14)	(16.27)	(2.48)
(2) agg_NC	0.012	-0.002	-0.004	-0.017	0.001	0.016**
	(1.52)	(-0.74)	(-1.46)	(-1.60)	(0.25)	(2.44)
(3) agg_YP	0.004***	0.008***	0.003***	0.004***	0.024***	0.007*
	(7.26)	(4.94)	(5.20)	(6.56)	(7.56)	(1.92)
(4) agg_NP	-0.017***	0.016***	0.002	-0.021***	0.012***	-0.013*
	(-8.61)	(6.24)	(0.69)	(-8.66)	(3.36)	(-1.97)
(5) Uagg_YC	-0.002	0.048***	0.019***	-0.004***	0.064***	0.021***
	(-1.50)	(17.32)	(10.24)	(-3.04)	(16.55)	(2.95)

(6) Uagg_NC	-0.002	0.020***	-0.052***	0.008	0.034***	0.015*
	(-0.23)	(6.51)	(-13.88)	(0.87)	(8.28)	(1.93)
Prob F	0.000	0.000	0.000	0.000	0.000	0.000
R^2	0.482	0.449	0.484	0.322	0.350	0.268
观测值	839791	727896	742700	573801	464062	140042

我们也利用工业普查数据对不同所有制的集聚效应进行了考察,结果在表4-11中进行了报告。第1~3列的估计结果显示,相同行业相同县企业数量(agg_NC)对生产率的不利影响主要是由国有企业和私营企业导致的,而与外资企业相对应的该变量的影响则显著为正。这意味着挤出效应主要是由国内小企业导致的,外资企业并没有给商品市场带来竞争压力,这可能是因为中国的外资企业大多是出口导向的。相同省份不同县的私营企业数量(agg_NP)显著为负,即私营小企业在较大的范围内也会产生拥挤效应。另一方面,同表4-10一样,私营企业平均规模的影响在三类所有制企业中仍然最大,且上游行业中仅私营企业数量的影响显著为正。

第4~6列的估计结果显示,相同行业相同县的企业数量,不管是国有、私营还是外资企业,对私营企业生产率的影响都显著为正。这意味着根据表4-8和表4-9发现的相同行业相同县企业数量产生的挤出效应仅存在于国有企业和外资企业中。同时,私营企业从相同行业和上游行业的私营企业平均规模扩大中获益最大。此外,仅私营企业数量增加才对私营企业生产率有显著为正的影响。

表4-11 不同所有制企业的集聚效应(工业普查数据)

样本	所有企业			私企		
集聚来源	国企(1)	私企(2)	外企(3)	国企(4)	私企(5)	外企(6)
(1) agg_YC	0.013***	0.059***	0.018***	-0.002	0.196***	0.007***
	(10.90)	(45.75)	(27.75)	(-1.10)	(81.02)	(9.31)
(2) agg_NC	-0.087***	-0.012***	0.011***	0.038***	0.022***	0.012***
	(-8.96)	(-5.51)	(3.30)	(3.13)	(9.04)	(3.39)

(3) agg_YP	0.008***	0.060***	0.008***	0.007***	0.025***	0.009***
	(5.54)	(13.19)	(5.23)	(4.34)	(4.31)	(5.54)
(4) agg_NP	0.008*	-0.010***	0.004	0.016***	0.008*	0.018***
	(1.84)	(-2.58)	(0.99)	(3.32)	(1.82)	(4.44)
(5) Uagg_YC	0.030***	0.139***	0.042***	0.012***	0.095***	0.019***
	(18.64)	(34.75)	(20.39)	(7.22)	(21.28)	(8.50)
(6) Uagg_NC	-0.022***	0.039***	-0.015***	-0.038***	0.029***	-0.012***
	(-3.22)	(13.17)	(-4.68)	(-4.67)	(8.84)	(-3.32)
Prob F	0.000	0.000	0.000	0.000	0.000	0.000
R^2	0.233	0.249	0.228	0.205	0.255	0.210
观测值	212324	205464	202179	144875	139607	139617

（四）稳健性检验

利用工业调查数据，这里对表4-8的回归结果进行稳健性检验，结果报告在表4-12中。

首先，我们用不同方法估计的企业全要素生产率作为被解释变量进行估计，结果报告在第1~3列。其中，第1列对应的全要素生产率是用OLS方法得到的，第2列对应的全要素生产率是利用OP方法进行估计得到的，第3列中，我们用劳动生产率作为被解释变量进行估计。不管生产率如何变化，基本上不改变基本结果得到的结论，即相同行业相同县的企业数量对生产率有显著为负的影响，而其他集聚变量，如相同行业相同县的企业平均规模、相同行业不同县的企业平均规模、相同行业不同县的企业数量、相同县上游行业的企业数量、相同县上游行业的企业平均规模的影响都是显著为正。

其次，改变行业分类方法。在基本结果中，我们用3位行业代码对行业进行了分类。这里，我们分别基于4位行业代码和2位行业代码对行业进行分类。第4列对应的是用4位行业代码确定行业的结果，各集聚变量的符号和显著性与基本结果完全相同。第5列对应的是用2位行业代码确定行业的结果，除了agg_NC的估计系数由显著为负变成不显著外,其他各集聚变量的符号和显著性与基本结果也都保持了一致。

最后,我们在不同地区范围内构建集聚指标。基本回归结果是基于县来构建的集聚指标,这里我们在城市层面上来计算各集聚指标并重新进行估计,结果如第6列所示。估计结果显示,除了agg_NC的估计系数变得不显著外,其他各集聚变量的符号和显著性也都是与基本结果相同。agg_NC的估计系数之所以变得不显著,可能的原因是在较大的地域范围内,集聚导致的挤出效应没那么大。

表4-12 稳健性检验

	TFP_OLS (1)	TFP_OP (2)	Labor Productivity (3)	4 digit industries (4)	2 digit industries (5)	City level (6)
agg_YC	0.003***	0.004***	0.004***	0.002***	0.004***	0.005***
	(7.89)	(7.97)	(9.50)	(5.93)	(6.45)	(7.26)
agg_NC	-0.008***	-0.011***	-0.013***	-0.011***	-0.004	-0.003
	(-3.45)	(-4.41)	(-5.47)	(-4.39)	(-1.56)	(-1.10)
agg_YP	0.011***	0.010***	0.014***	0.005***	0.031***	0.005***
	(6.45)	(5.36)	(7.80)	(4.83)	(7.93)	(6.33)
agg_NP	0.015***	0.012***	0.012***	0.009***	0.024***	0.011***
	(6.42)	(4.88)	(4.96)	(4.51)	(6.17)	(4.42)
Uagg_YC	0.058***	0.052***	0.054***	0.049***	0.047***	0.038***
	(21.03)	(18.43)	(19.57)	(17.18)	(16.32)	(7.47)
Uagg_NC	0.036***	0.032***	0.029***	0.033***	0.031***	0.072***
	(15.23)	(13.33)	(12.21)	(13.75)	(11.86)	(16.44)
Constant	-1.292***	1.852***	2.453***	1.580***	0.939***	0.999***
	(-5.27)	(7.36)	(10.03)	(6.26)	(3.39)	(3.88)
Prob.>F	0.000	0.000	0.000	0.000	0.000	0.000
R^2	0.062	0.440	0.043	0.471	0.332	0.461
观测值	849771	849285	847308	849771	849771	849776

(五) 集聚的贡献

最后,我们利用第二节描述的估计企业 TFP 的方法和表 4-8 第 2 列中集聚指标的估计系数来计算样本期间,集聚对中国工业企业生产率增长的贡献。需要说明的是,由于考察的是生产率的增长率,所以计算贡献时采用的是工业调查数据以及根据工业调查数据估计出来的结果。具体的步骤如下:首先,将历年各行业加总的数据,包括增加值、就业和资本存量等代入第二节估计的生产函数中,得到各行业的生产率,然后以行业增加值在中国工业总增加值中所占比重作为权重得到中国工业行业历年的生产率,并在此基础上计算生产率的增长率,结果报告在表 4-13 的第 1 列。

其次,由于集聚导致的各行业生产率增长根据下式计算得

$$\hat{\Delta TFP}_{j,t} = \hat{\beta}_{11}\Delta_t \overline{agg\_YC}_{j,t} + \hat{\beta}_{12}\Delta_t \overline{agg\_NC}_{j,t} + \hat{\beta}_{13}\Delta_t \overline{agg\_YP}_{j,t} + \hat{\beta}_{14}\Delta_t \overline{agg\_NP}_{j,t}$$
$$\hat{\beta}_{21}\Delta_t \overline{Uagg\_YC}_{j,t} + \hat{\beta}_{22}\Delta_t \overline{Uagg\_NC}_{j,t} + \hat{\beta}_{23}\Delta_t \overline{Uagg\_YP}_{j,t} + \hat{\beta}_{24}\Delta_t \overline{Uagg\_NP}_{j,t}$$

(4.18)

各集聚指标的上划线表示行业层面上集聚指标在样本期间的平均值,集聚指标前面的参数来自表 4-8 的第 2 列。同样,也以行业增加值在中国工业总增加值中所占比重作为权重对根据式(4.18)估计的行业生产率进行加总,得到集聚导致的生产率的增长率拟合值,结果如表 4-13 第 2 列所示。同样的方法得到样本期间私营企业生产率的增长率以及集聚导致的私营企业生产率增长率的拟合值。

最后,利用集聚导致的生产率增长率拟合值除以第一步估计的生产率增长率,得到集聚对生产率的贡献,结果如表 4-13 最后一列所示。估计结果显示,样本期间,集聚对整个制造业企业生产率增长的贡献为 14.09%,对私营企业生产率增长的贡献为 15.43%,略高于对整个制造业企业生产率增长的贡献。

表 4-13 集聚对生产率的贡献(单位:%)

	工业 TFP 的年度增长率	集聚效应 集聚引起 TFP 的年度增长率	贡献率
所有企业	8.23	1.16*** (331.81)	14.09
私营企业	7.71	1.19*** (230.73)	15.43

第五节 本章小结

本章在综合运用工业调查数据、工业普查数据的基础上,基于 EG 指数、企业数量和企业平均规模等指标,构建了两套衡量不同行业范围、不同地理范围的集聚指标,考察了集聚对企业生产率的影响,以此说明出口在国内集聚的原因。本章的研究得到以下几个结论:

第一,在以 EG 指数为基础构建集聚指标的估计中,不管是本行业集聚,上游行业集聚还是下游行业集聚,都对生产率有显著为正的影响,且上游行业和下游行业集聚的影响程度高于本行业集聚的影响程度。在以企业数量和企业平均规模为基础构建集聚指标的估计中,同样也有上游行业集聚效应高于本行业的结论。

第二,集聚水平对生产率的影响与企业规模呈反向相关,即规模较小企业的生产率受到上、下游行业集聚的影响反而较大。本章在以 EG 指数为基础构建集聚指标的实证研究中加入行业集聚水平与企业规模的交叉项,来考察产业集聚水平对生产率的影响与企业规模的关系。回归结果显示,本行业以及上、下游行业集聚水平与企业规模交叉项对企业增加值的影响均显著为负。

第三,大量小企业集聚对生产率的正向影响低于少数大企业集聚的影响。根据企业数量和企业平均规模构建集聚指标估计的结果表明,不管是相同行业相同县的企业平均规模还是相同行业相同省但不同县的企业平均规模,对生产率都有显著为正的影响;但相同行业相同县的企业数量对生产率的影响却显著为负。这意味着在小范围内,集聚不仅存在正向的溢出效应,还有挤出效应。

　　本章的研究一方面丰富了关于集聚效应方面的研究文献,另一方面也有助于理解中国出口在国内集聚的原因。根据已有研究,只有生产率高的企业才有可能出口。这意味着,当集聚提高了集聚地区企业生产率时,该地区企业更倾向于出口。因而,集聚程度高的地区,出口企业也越多,表现为该地区出口企业集聚程度较高。

第五章　出口目的地集聚及双重集聚的形成机制

第一节　引言

出口目的市场高度集中是中国对外贸易快速发展过程中出现的重要现象。自2001年底加入WTO以来,中国的对外贸易飞速发展,出口年均增长率达到了20.4%,于2010年跃升为世界第一大制成品出口国,并与200多个国家有贸易往来,但出口目的市场集中度高的状况并未见显著改善。如第三章中所显示,2001年,中国前十大出口目的市场占到了中国总出口额的74.0%。尽管该比重在随后的年份有所下降,但在2011年仍然高达59.5%。出口目的市场高度集中的风险在金融危机期间暴露无遗,外部经济的震荡很容易就通过贸易渠道影响到中国经济发展的各个层面。如何推动出口市场多元化已成为目前优化中国对外贸易结构亟待解决的重要问题。与此同时,中国出口的省市在国内主要聚集在长三角和珠三角等区域。自2001年以来,出口的前5大省市基本保持不变,分别是广东、江苏、上海、浙江和山东。这五大省市的出口在中国总出口额中所占比重在2001年为73.2%,而2009年更是高达77.9%。本书将中国出口在国内集聚与目的地集中同时存在的现象称为出口的"双重集聚"。上一章已经考察了中国出口在国内集聚的原因,这一章将基于出口溢出效应的视角,在理论和实证上探讨出口目的地集聚以及双重集聚的形成机制。

同本章有关的研究有两类。一类是关于集聚的溢出效应研究。理论上,Marshall(1920)曾指出,在地理位置上集聚在一起的企业能够通过劳动力市场共享、知识外溢和专业化的供应商而获益。Duranton和Puga(2004)进一步区分了产生集聚经济的"学习""共享"和"匹配"三种微观机制。在实证中,国外最初主要是利用宏观层面的数据考察集聚对地区或行业生产率的影响(如 Henderson,1986)。近年来,随着微观企业数据的可获得性不断增多,很多学者以企业为研究对象,重新考察了集聚与生产率的关系(如 Henderson,2003;Lee,Jang 和 Hong,2010)。在国内的已有文献中,除了探讨集聚对生产率的影响外,还有研究围绕着集聚与创新(如张杰等,2007;裴长洪和谢谦,2009;彭向和蒋传海,2011)、集聚与企业规模(如陆毅等,2010)等问题展开。20 世纪 90 年代以来,结合"新新贸易理论"的思想,有学者将集聚与出口联系起来,探讨了集聚对出口的影响(如 Cassey 和 Schmeiser,2013;Koening,2009)。

第二类是有关贸易地理方向的研究。如 Eaton,Kortum 和 Kramarz(2004)最早利用法国 1986 年的数据得到大部分企业仅出口到一个市场的结论,但对于这些企业是否是出口到同一个市场并没有进一步深入探讨。有学者基于 Metliz(2003)的模型,认为生产率对企业出口市场的选择有重要影响,并提出了出口市场呈现"等级结构"的假说,即随着生产率的增加,企业能进入更多更难进入的出口市场(Eaton,Eslava,Krugler 和 Tybout,2007)。但在利用数据进行实证分析时,有研究支持该假说(如 Kang 和 Kim,2010),但也有研究没有发现相关的证据(如 Lawless,2009)。还有学者发现了"企业最初仅出口到与本国具有相似特征的国家,随后才进入更远或不发达国家"的规律,并将其称为"学习中出口"(Schmeiser,2012)。

不管是有关集聚溢出效应的研究,还是贸易地理方向的研究,都只关注了"双重集聚"的一个侧面,即要么是出口地的集聚,要么是出口目的市场的集中,因而都无法解释中国出口"双重集聚"的现象。本章则将这两类文献结合起来,试图从出口溢出效应的视角对中国出口在目的地集聚及"双重集聚"现象进行解释,不仅有助于理解这一现象出现的原因,也能为政府推动出口市场多元化提供新的思路和经验证据。

本章余下的结构安排为:第二部分构建了一个简单理论模型解释出口在目的地方集聚及"双重集聚"的形成机制,并在此基础上导出检验这一机制的实证方程;第三部分是数据处理与变量构造;第四部分是估计结果和稳健性检验;最后一节是结论及启示。

第二节 理论解释及实证模型设定

出口溢出是指在正式和非正式交流中,非出口企业可以通过出口企业获取有关出口市场的信息;且出口企业越多,非出口企业越容易获取这种信息。从出口溢出的视角解释出口"双重集聚"的经济学直觉为:根据"新新贸易理论",为了获取出口目的市场有关信息等原因,企业出口前都需要事先进行一笔固定投入,所需固定投入的多少决定了出口临界生产率或企业出口倾向。由于存在出口溢出,因而在一个出口企业集聚的地区,未出口的企业相对于在其他区域的企业更容易出口。此外,由于交流的信息具有市场专属性特点,未出口的企业更容易选择出口到其所在地区有较多企业已出口的市场。即由于出口溢出效应,一方面已有较多出口企业的地区,比原来没有出口的企业更容易出口,从而表现为出口在国内地区上的集聚;另一方面一个地区出口到某个国家的企业越多,该地区的其他企业将越倾向于出口到该国,即表现为出口市场集中度高。以下将在 Metliz(2003)模型基础上,对出口"双重集聚"形成机制进行理论解释。

假设一国某地区存在大量潜在的出口企业,各企业只有事先进行一笔固定投入且生产后才能观察到其生产率φ。生产率是服从累积分布为$G(a)$的随机变量。企业观察到其生产率并决定生产后可以选择是否出口。借鉴 Metliz(2003)模型,假设企业若选择出口到j国,则出口不仅需要支付τ的冰山成本,而且还需要支付一定的固定成本f_{ex}^j,因为收集市场信息、建立销售渠道、改良产品和培训销售员工等都需要费用。考虑到与各国的距离不同,且不同国家国情以及获取相关信息的难易程度存在差异,我们进一步假设企业出口到不同国家所需要的固定投入f_{ex}^j不一样。此外,企业获取出口国的相关信息除了进行亲自调研外,还可以从其他企业获取。若一潜在出口企业所在地区已有企业出口到某个国家,该企业可以通过观察这些出口企业的行为、或通过与这些企业的员工进行正式和非正式的交流可以获得部分有关出口国市场的信息(即出口溢出),从而降低出口到该国所需要的固定投入 f_{ex}^{j};且所在地区出口企业越多,获得更多信息的可能性越大,从而需要的固定投入越少。用 N_j 表示某一地区出口到特定国家的企业数量,出口溢出效应意味着 f_{ex}^{j} 是 N_j 的减函数,即 $df_{ex}^{i}/dN_j<0$。用 r 代表收入,则企业 i 出口到国家 j 的利润表达式可以表示为:

$$\pi_i^j = r_i^j(a) - f_{ex}^j(N_j) - \frac{q_i^j}{\tau\varphi_i} \tag{5.1}$$

假设代表性消费者具有偏好多样化的特征,简单起见,同经典的新新贸易理论一样,设其效用函数为CES形式,即,

$$U = \left[\int_{\omega\in\Omega} q(\omega)^a d\omega\right]^{\frac{1}{a}} \tag{5.2}$$

其中 Ω 是可获得的商品集合, $\sigma = 1/(1-a)$ 为商品的替代弹性。结合式(1)和式(2),根据零利润条件可知,出口企业的临界生产率由下式决定:

$$r^j(\varphi^*) = \tau^{\sigma-1}\sigma f_{ex}^j(N_j) \tag{5.3}$$

将式(5.3)两边同时对 N 求导得:

$$\frac{\partial r^j}{\partial \varphi_j^*}\frac{\partial \varphi_j^*}{\partial N_j} = \tau^{\sigma-1}\sigma \frac{df_{ex}^j(N_j)}{dN_j}$$

由于企业收入是其生产率的增函数,而出口溢出效应意味着 $df_{ex}^j(N_j)/dN_j < 0$,因此:

$$\frac{\partial \varphi^*}{\partial N_j} < 0 \tag{5.4}$$

即企业出口到 j 国的临界生产率随着其所在地区已有出口到该国的企业数量增加而下降。换句话说,当一个地区出口到特定国家的企业越多,该地区其他的企业越容易出口,且越容易出口到该国。根据Henderson(2003),企业数量代表了集聚水平,因而,上述结论也意味着出口将呈现出前文所说的"双重集聚"。

以上利用简单的理论模型,从出口溢出视角解释了出口"双重集聚"现象形成的原因。这一解释是否正确,本章将根据方程(5.5)进行实证检验:

$$DE_{ijt} = \beta_0 + \beta_1 Agg_{ijt} + \beta_2 imp_{ijt} + \beta_3 Distance_{jt} + \beta_4 GDP_{jt} + \sum_m \beta_{5m} X_{it} + \varepsilon_{ijt} \quad (5.5)$$

其中DE_{ijt}表示企业i在时间t是否开始出口到j国的虚拟变量。Agg_{ijt}为企业i所在地区在时间t出口到j国的企业数量,即相当于理论模型中的N_j,反映了出口溢出效应的影响。若β_1显著大于零,意味着出口地集聚程度越高,在出口溢出效应下,该地区出口市场将越集中,表现为出口的"双重集聚"。考虑到有进口的企业可以通过进口商间接了解外部市场信息,从而有利于其出口到进口的国家,在实证模型中,我们加入了企业在t期是否有从j国进口的虚拟变量imp_{ijt};$Distance_{jt}$为中国与j国的距离,本章将其作为冰山成本的代理变量。在现实中,进口国特征也是影响贸易的重要变量,其中最为重要的是进口国国内需求规模,一般用进口国的国内生产总值来代替,为此在实证模型中,我们也控制了这一变量,用GDP_{jt}来表示。X_{it}为影响企业出口的其他变量,根据已有研究,X_{it}代表的变量有:企业支付的人均工资($Wage_{it}$)、劳动生产率(LP_{it})、企业规模($Sclae_{it}$)、企业年龄(Age_{it})。β_0为常数项、ε_{ijt}为随机扰动项。

第三节 数据来源和变量构造

一、数据来源及处理

本章使用的数据来源于2000~2005年中国工业企业数据库和企业进出口数据库。两个数据库分别是由国家统计局和中国海关收集并整理,其中工业企业数据库的样本仅是全部国有及销售额在500万元人民币以上的非国有企业,不仅包含了企业名称、电话号码、地址码、控股情况等企业的基本信息,还有雇佣人数、所支付工资、工业总产值等近百个财务指标;企业进出口数据的样本则覆盖了历年所有从事国际贸易的企业,包含的信息有企业名称、邮编、进出口商品的种类、每种商品的进出口额和进出口量、每种商品出口的目的地和进口的来源国以及贸易类型。

为了考察出口的溢出效应,我们需要构建"生产地-企业-出口目的地"的三维数据。在企业进出口数据库中,已经包含了企业出口目的地信息,很多企业也有生产地的详细地址。但由于地址都是中文,而且在数据录入时可能没有统一的标准,所以生产地的信息并不能直接为我们所用,需要首先换成国家标准行政区划代码。本章转换过程主要基于企业邮编的信息来完成。根据中国邮政编码的编制规则,前两位代表"省",而前四位能确定到"县"。因而,结合中国标准行政区划代码表,利用邮编的前四位便能知道企业所在地对应的地址及六位地址码。[①]不过,由于指标多、样本大等缘故,数据库中很多样本的多个变量存在缺失,尤其是邮编这一指标。根据统计,历年缺失邮编的企业数在进出口企业总数中所占的比重为37.7%~67.9%,平均值高达52.4%。如果删掉这些缺失邮编的观测值,可能会使估计结果产生很大偏差。为此,需要对企业的地址信息进行处理。

我们处理企业地址信息的步骤包括:首先,将企业名称补全。在企业进出口数据库中,有大量企业并没有名称,为此借鉴Brandt等(2012)的做法,对于月度数据,依次根据企业代码、区号和法人代表姓名、区号和电话号码后七位等信息将企业缺失的名称补上。其次,依次以月度和年度为单位,根据企业名称将企业缺失的邮编补上。再次,将邮编与国家标准行政区划码进行对应。对于前四位邮编相同的地区,我们将其用一个地址码代替。[②]因而,最终共有2418个不同的区县,比国家标准行政区划代码表中少451个。但四位和两位地址码的数量与国家标准行政区划代码表中的相同。上述处理后,仍然有很多企业没有地址码,我们再根据中文地址名称中所包含的信息以及企业名称中所包含的地址信息,分配给企业地址码。经过前面几个步骤,2001~2005年地址信息缺失的

---

① 之所以不用邮编来确定企业的地理位置,主要原因为:第一,邮编的"前两位"与"省"并不是一一对应的。同一个"省"有可能对应的邮编前两位也不同,但同一个邮编的前两位对应唯一的"省",所以用地址码来计算集聚更容易;第二,用邮编能考虑省或县的范围,而考虑不了市的范围。

② 前四位相同的一般都是直辖市的不同区或市辖区,所以将相同前四位用一个地址码代替影响不是太大。

企业数量分别下降到了 1337、1706、3030、3521、3696、2959 家。对于这些企业,无法再根据数据库中的信息寻找其地址码,我们只有假设这些地址码缺失企业在样本期间内未变迁过地址,并根据网络上的信息补充其地址码。由于企业倒闭或更名等原因,仍有一些企业的地址码信息无法获取,但这些企业只有 344 家,在进出口企业总数中所占的比重仅为 0.065%。

表 5-1 进出口企业数据库地址码处理前后概况

年份	缺失邮编企业		处理后缺失邮编企业		匹配后企业	
	总数	比重	总数	比重	总数	比重
2000	23340	37.71%	28	0.05%	15539	25.10%
2001	27351	40.60%	44	0.07%	19072	28.31%
2002	38664	51.26%	82	0.11%	21871	28.99%
2003	56364	62.17%	72	0.08%	26721	29.47%
2004	61846	54.82%	48	0.04%	41822	37.07%
2005	83808	67.90%	70	0.06%	44821	36.31%

在工业企业数据库中,由于各种原因,部分企业提供的信息不够准确,从而一些观测值可能存在误导性,其中的诸多问题已为很多学者所指出。本章根据以往研究,对工业数据库的样本进行了如下处理:剔除雇佣人数低于 8 的观测值;剔除存活时间为负、或高于 59 年的企业观测值;剔除工业增加值高于工业总值的观测值;剔除工业增加值、雇佣人数、全年应发工资等指标缺失的观测值。

由于工业企业数据库中的指标主要是企业财务指标,而进出口企业数据库含有全面的进出口以及企业所在地信息,所以需要将两个数据库进行合并。两个数据库的公共字段有企业编码、企业名称、电话号码和邮编等,但由于编码规则的差异(工业企业数据库中编码为 9 位,但进出口企业数据库中编码为 10 位),现有研究要么以企业名称作为匹配字段(如陈勇兵等,2012)、要么以电话号码和邮编作为匹配字段(如余淼杰,2011)。本章根据 Upward, Wang 和 Zheng(2013)的研究,以企业名称进行匹配。①匹配后每年在两个数据库中都有的企业数量为15539~44821家，平均每年企业数接近28308家，在企业进出口数据库中占比超过25%。

二、主要变量构造

由于进出口企业数据库记录了每个月所有进出口企业的每笔交易，在构造变量之前，我们首先根据企业名称和商品出口国家进行合并，从而可以得到生产地-企业-出口目的地的三维数据。然后再利用企业名称作为匹配变量与工业企业数据库进行合并。基于合并的数据，我们构造了被解释变量和主要解释变量的指标。

根据研究的目的，本章将被解释变量E_{ijt}设定为虚拟变量，代表企业i在年份t是否出口到国家j。E_{ijt}的取值取决于企业在t-1期和t期的出口状态：当t-1期不出口，t期出口时，E_{ijt}的取值为1；当t-1期和t期都不出口时，E_{ijt}的取值为0。因此，在估计的样本中，我们剔除连续两期出口到同一个国家的企业和停止出口到同一个国家的企业（即连续两期的上一期出口到某个国家，但下期不出口或不出口到该国）。

对于反映出口溢出效应的指标，借鉴Henderson(2003)，我们主要用企业数量的对数进行度量。即首先确定出口企业在中国国内所在区域，然后确定企业的出口国家，最后计算同一地区出口到相同国家企业数量的对数值。为了识别出口溢出效应与距离的关系，对于地区的范围我们分别定义为省、市、县。具体来说，我们构建的指标有：相同县内（地址码前六位相同）出口到相同国家的企业数量对数（Agg1）、相同市内（地址码前四位相同）出口到相同国家的企业数量对数（Agg2）以及相同省内（地址码前两位相同）出口到相同国家的企业数量对数（Agg3）。

解释变量中的人均工资、生产率、企业年龄等指标都是根据工业企业数据库中的指标计算得到的。其中，人均工资用全年应付工资与雇佣人数之比来衡量；尽管现有很多方法对生产率进行估计，如LP、OP、GMM等，但各种方法都存在一定缺陷。由于生产率并非是本章关注的

---

① 这里，我们是先将年度内每月企业按照企业名称进行合并，然后再用企业名称与工业企业数据库进行匹配。

变量,简单起见我们仅用劳动生产率,即企业的工业增加值与雇佣人数之比进行衡量。根据一般的做法,企业规模用销售额的对数来表示。距离和各国GDP数据分别来源于CEPII网站和世界银行的WDI数据库。

三、中国出口"双重集聚"的企业证据

当出口到某国的企业数量与出口到该国的企业在国内集聚程度呈正比时,就可以认为出口国出现了"双重集聚"现象,即同时表现出口国内生产地集聚和出口目的地集中。简单来说,假设有A和B两个国家,如果出口到A国的企业数量多于B国,同时出口到A国的这些企业在国内的集聚程度高于出口到B国的企业在国内的集聚程度,则该国就有出口的"双重集聚"现象。海关数据库进出口企业的全样本表明中国出口呈现出"双重集聚"特征。

中国已与近200个国家建立了贸易联系,简单起见,这里仅选取2000~2005年中国年平均出口企业数量最多的30个国家(和地区)进行考察。考察期间,年平均出口企业数量最多的前五大国家和地区分别为美国、中国香港、日本、韩国、德国,与用规模作为度量指标得到的结论基本一致。出口到这30个国家(地区)的企业平均数量与出口到各国的企业在国内集聚平均水平间的关系如图5-1所示。其中,出口企业数量取对数值,Agg1-Agg3分别为上文定义的国内集聚程度指标。从图中很容易看出,不管如何定义集聚指标,基本上都有到特定国家的出口企业数量越多、出口到该国的企业在国内集聚程度越高的结论。

第五章 出口目的地集聚及双重集聚的形成机制

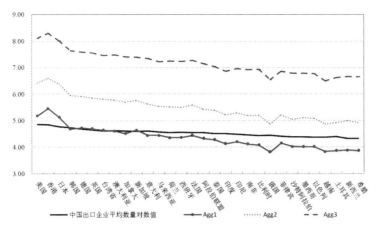

图 5-1 目的地企业数量与集聚水平

注：纵轴为企业数量的对数值，因此没有单位。

此外，我们也考察了出口到特定国家企业数量与开始出口到该国企业数量之间的关系，结果如图 5-2 所示。从图上容易发现，出口企业最集中的国家，同时也是新出口企业的首选目的地，也即出口到某个国家的企业数量越多，那么会有更多新出口的企业选择出口到这个国家，表明可能存在出口溢出效应。

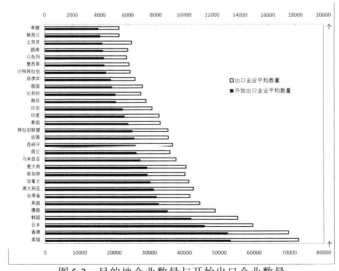

图 5-2 目的地企业数量与开始出口企业数量

107

第四节 估计结果

一、基本估计结果

考虑到被解释变量为离散的二元虚拟变量这一性质,本章主要利用 probit 方法进行估计。由于存在规模可能会影响企业出口,同时出口也会影响企业规模的内生性问题,所以,估计时,所有解释变量都取滞后一期。对所有样本进行回归的结果如表 5-2 所示。由于随着时间推移,一国经济环境变化可能会使企业出口倾向受到相应影响,我们在基本实证方程基础上加入时间虚拟变量进行了估计,以相同县内出口到相同国家的企业数量对数作为出口溢出的度量指标,估计的回归结果如第 1 列所示。此外,根据传统的比较优势理论,一国不同产业的出口能力存在显著差异,为了控制产业特征对企业出口的影响,我们还加入了 3 位码产业的虚拟变量,结果报告在表 5-2 的第 2 列中。第 3 列和第 4 列则分别以市和省为单位构建出口溢出指标并控制了时间和产业虚拟变量的估计结果。

根据表 5-2 前 4 列的结果,从出口溢出指标前的估计系数来看,不管是否控制行业虚拟变量,也不管衡量出口溢出指标的范围是控制在县级、市级还是省级,出口溢出对当地企业的出口倾向都有显著为正的影响,也即如果一个地区越多的企业出口到某个国家,那么这个地区其他潜在出口企业也倾向于出口到这个国家,从而呈现出本章前面提到的"双重集聚"现象。

有研究指出(如 Halpern 和 Murakozy,2007),溢出效应的大小与距离密切相关,因而,我们也构建了另外一个指标,即省内县外出口到相同国家的企业数量(取对数值),以便考察出口溢出效应与距离之间的关系,结果为表 5-2 的第 5 列所示。估计结果与前四列差异并不大,出口溢出变量前面的系数仍然为正,意味着在省的范围内,某县出口到特定国家的企业越多,其他县潜在出口企业也有更大可能出口到相同的国家。

从其他变量来看,企业支付的工资越高,其出口的可能性越大,与于洪霞等(2011)的估计结果相同。主要原因是,工资在一定程度上反映了企业雇佣工人的技术水平,工资越高,工人的技能越高,生产商品的质量也越高,在世界市场上更有竞争力,从而更容易出口。Manova和Zhang(2012)利用中国进出口企业数据也曾发现出口企业会支付更高的工资,但他们并未说明高工资和出口之间的因果关系,本章的结果不仅支持了他们的结论,而且还论证了高工资有利于出口。生产率与出口倾向之间存在负相关关系。自20世纪90年代以来,生产率与出口的关系便成为研究的热点。Metliz(2003)在理论上证明了生产率高的企业会"自我选择"进行出口,且企业出口的"自我选择"效应已得到很多国家数据的支持。但本章的估计结果表明,生产率高的企业反而出口倾向较低,这一结论与很多利用中国数据进行估计的结果一致(如李春顶,2010),即中国的出口确实存在"生产率悖论"。对这一现象,现有研究从加工贸易、国内地理分割等角度进行了不同的解释。规模越大的企业越容易出口,意味着规模是影响企业出口参与的一个重要变量,支持新贸易理论以及新新贸易理论中有关规模影响国际贸易的观点,也与孙灵燕和李荣林(2011)的估计结果相似。进口前的系数显著为正,意味着进口越多,企业出口的可能性越大,可能的原因是有进口的企业可以从国外出口商那里获得有关国外市场情况的信息,从而有利于其出口。距离与GDP变量前面的系数也都与引力模型的预测相符。

表5-2 出口溢出效应的基本估计结果

	(1)	(2)	(3)	(4)	(5)
Lwage	0.012***	0.014***	0.010**	0.014***	0.014***
	(4.13)	(4.82)	(3.28)	(4.84)	(4.82)
LLP	-0.015***	-0.017***	-0.017***	0.017***	-0.017***
	(-8.80)	(-9.05)	(-9.33)	(-9.29)	(-9.28)
Lsale	0.015***	0.016***	0.016***	0.015***	0.016***
	(11.81)	(11.50)	(11.68)	(11.54)	(11.57)
Limp	0.094***	0.098***	0.101***	0.104***	0.104***
	(10.53)	(11.00)	(11.35)	(11.64)	(11.70)
age	-0.042***	-0.043***	-0.041***	-0.039***	-0.039***

	(-18.27)	(-18.17)	(-17.87)	(-16.99)	(-16.77)
distw	-0.028***	-0.033***	-0.031***	-0.029***	-0.028***
	(-11.89)	(-13.72)	(-12.91)	(-12.07)	(-11.58)
GDPCur	0.026***	0.029***	0.026***	0.024***	0.023***
	(28.22)	(30.84)	(28.24)	(24.57)	(23.42)
Agg1	0.009***	0.009***			
	(8.51)	(8.57)			
Agg2			0.010***		
			(9.34)		
Agg3				0.013***	
				(10.36)	
Agg2_1					0.016***
					(12.69)
常数项	-1.418***	-1.672***	-1.596***	-1.651***	-1.648***
	(-40.99)	(-13.91)	(-13.96)	(-14.60)	(-14.57)
时间虚拟变量	有	有	有	有	有
行业虚拟变量	无	有	有	有	有
观测值	782060	781996	814345	824347	822473

注：***代表1%的水平上显著，**为5%的水平上显著，*为10%的水平上显著。括号内为t值。下同。

二、对出口目的地分类估计的结果

研究发现，根据目的地不同，出口对企业的影响也存在着差异。如Milner和Tandrayen(2007)利用撒哈拉以南非洲国家的企业数据发现出口到其他非洲国家有利于提高出口企业技术工人的工资，但出口到非洲以外的国家却使出口企业技术工人的工资低于非技术工人的工资。Graner和Isaksson(2009)利用肯尼亚的数据比较了南南贸易和南北贸易中的学习效应，得到了出口的学习效应仅存在南南贸易中的结论。Baliamoune-Lutz(2010)发现出口到OECD国家对非洲经济增长有显著为正的影响，但与中国的贸易并没有提高其经济增长水平。基于爱尔兰的数据，Svetlana(2011)发现出口到环境标准高的国家的企业耗费能源会更少，从而有利于改善出口国的环境；在这些研究的启示下，我们对出口溢出效应如何影响企业到不同国家的出口进行了考察。

根据国家所处的地理位置，将出口目的地分为五大类，即亚洲、欧洲、非洲、大洋洲、北美洲和南美洲，分别以出口到这五个地区的企业为样本、以县级范围出口企业数量对数值作为出口溢出的衡量指标进行估计的结果如表5-3所示。估计结果显示，除了大洋洲的国家外，出口溢出效应有利于同一县内其他企业出口到该国家。从边际影响来看，出口溢出对以亚洲和非洲为目的市场的企业影响更大。可能的原因是，到欧美市场的出口商一般规模较大，竞争也较为激烈，挤出了部分本应由于溢出效应可以出口到这些国家的企业。相反，出口到亚洲和非洲等国家的企业较少，竞争的影响不是很大。

表5-3 出口溢出效应在出口目的地间的差异

	亚洲	欧洲	非洲	大洋洲	北美洲	南美洲
Lwage	0.020***	0.011**	0.031**	0.033**	-0.001	0.017
	(4.19)	(1.98)	(2.75)	(2.28)	(-0.12)	(1.50)
LLP	-0.018***	-0.015***	-0.020**	-0.032***	-0.015**	-0.020***
	(-5.99)	(-4.48)	(-2.82)	(-3.53)	(-2.61)	(-2.74)
Lsale	0.016***	0.019***	0.010**	0.019***	0.020***	0.017***
	(6.86)	(7.46)	(1.98)	(2.66)	(4.61)	(3.33)
Limp	0.108***	0.045**	0.052	0.127**	0.150***	0.047
	(8.51)	(2.76)	(0.44)	(2.40)	(6.26)	(0.50)
age	-0.045***	-0.046***	-0.011	-0.054***	-0.054***	-0.028**
	(-11.85)	(-10.67)	(-1.31)	(-4.59)	(-7.55)	(-3.02)
distw	-0.043***	-0.085**	0.147***	-0.033	-0.104	-0.065
	(-8.29)	(-2.48)	(4.12)	(-0.36)	(-1.57)	(-1.02)
GDPCur	0.021***	0.042***	0.037***	0.036***	0.025***	0.027***
	(10.34)	(17.37)	(8.79)	(4.63)	(7.56)	(5.80)
Aggl	0.011***	0.004**	0.011***	-0.003	0.006*	0.008*

常数项	(6.32)	(2.14)	(2.59)	(-0.51)	(1.93)	(1.83)
	-1.309***	-1.833***	-4.061***	-1.475	-0.917	-0.712
	(-7.11)	(-4.60)	(-6.65)	(-1.38)	(-1.23)	(-0.68)
时间虚拟变量	有	有	有	有	有	有
行业虚拟变量	有	有	有	有	有	有
观测值	279351	248746	59458	31258	82129	55512

三、对所有制分类估计的结果

在中国,不同所有制企业具有不同的特征,如外商投资企业大部分是为了利用中国廉价劳动力,主要从事加工贸易;国有企业主要分布在上游的垄断性行业(Li,Liu和Wang,2013),虽然自20世纪90年代以来一直在对其进行改革,但未能彻底改变其效率低下的事实。私营企业主要面临的是完全竞争市场,受政府支持较少。中国不同所有制企业经营环境的不同使我们想知道出口溢出效应在不同所有制企业间是否也存在差异。估计结果如下表所示。

第1~3列分别是以国有企业、私营企业和外资企业样本进行估计的结果。从出口溢出指标前的系数可以看出,出口溢出对国有企业和外资企业出口到相同国家都有显著为正的影响,但对私营企业出口的影响却显著为负,其中的原因可以从企业间的竞争行为得以解释。一个地方出口到某个国家的企业越多,同时也意味着竞争越激烈,私营企业由于没有政策的支持,对竞争的影响更加敏感,所以出口到相同国家的企业数较少。此外,我们也分别考察了国有企业、私营企业和外资企业的溢出效应(表5-4第4~6列),以及外资企业的出口对内资企业的溢出效应(表5-4的第7列)。结果表明,对于整个样本来说,不同所有制企业的出口都存在目的地溢出效应,外资企业的出口对内资企业也存在目的地溢出效应。

表5-4 出口溢出效应在不同所有制企业间的差异

	(1)	(2)	(3)	(4)	(5)	(6)	(7)
Lwage	-0.017	-0.007	-0.016*	0.002	0.020***	0.011***	0.0083*
	(-1.20)	(-0.55)	(-2.41)	(0.58)	(5.84)	(3.56)	(2.43)
LLP	0.003	-0.067***	-0.035***	-0.018***	-0.025***	-0.0211***	-0.017***
	(0.34)	(-8.42)	(-8.38)	(-9.71)	(-11.62)	(-11.00)	(-8.05)
Lsale	0.030***	0.095***	0.052***	0.021***	0.023***	0.023***	0.019***
	(4.84)	(15.34)	(15.97)	(14.75)	(14.70)	(15.82)	(12.07)
Limp	0.073*	0.279***	0.089***	0.107***	0.116***	0.082***	0.043***
	(2.49)	(9.71)	(7.90)	(11.82)	(12.33)	(9.12)	(4.55)
age	0.015	0.086***	-0.046***	-0.053***	-0.046***	-0.049***	-0.075***
	(1.87)	(10.24)	(-7.88)	(-21.93)	(-16.96)	(-19.69)	(-26.08)
distw	-0.069***	-0.066***	-0.082***	-0.031***	-0.040***	-0.038***	-0.043***
	(-6.64)	(-7.48)	(-14.33)	(-12.73)	(-14.93)	(-15.31)	(-14.76)
GDPCur	0.053***	0.095***	0.057***	0.022***	0.032***	0.030***	0.029***
	(13.79)	(28.24)	(24.04)	(23.71)	(31.26)	(29.11)	(24.94)
Agg1	0.028***	-0.018***	0.023***	0.024***	0.007***	0.010***	0.009***
	(5.20)	(-4.19)	(8.79)	(21.79)	(5.96)	(8.33)	(6.72)
常数项	-2.206***	-8.558	-5.727	-1.492***	-1.555***	-1.658***	-1.384***
	(-6.98)	(-0.06)	(-0.03)	(-11.74)	(-8.41)	(-10.99)	(-9.00)
时间虚拟变量	有	有	有	有	有	有	有
行业虚拟变量	有	有	有	有	有	有	有
观测值	42611	67411	141503	750722	592245	713349	528916

四、对贸易方式分类估计的结果

加工贸易是中国对外贸易发展过程中的一个显著特征。自1995年以来,加工贸易出口额在中国出口总额中所占的比重超过50%。加工贸易主要有"来料加工"和"进料加工"两种类型,虽然两种类型的加工贸易都具有"两头在外"的特征,但两者存在显著差异:在来料加工贸易中,外商和加工方之间是委托与被委托的关系,加工方将从外商那里获得的原材料、中间品加工成制成品以后,返还给外商,也即海外的销售由外商来负责;但在进料加工贸易中,外商和加工方之间是买卖关系,加工方从外商那里购买原材料、中间品加工成制成品,然后自己负责商品在海外的销售。因而,"进料加工贸易"和"一般贸易"类似,出口前需要事先垫付一笔成本,而"来料加工贸易"则不需要。这种差异是否会使出口集聚对从事来料加工贸易和从事一般贸易与进料加工贸易产生不同影响呢?表5-5给出了这一问题的答案。

由于同一家企业可能以不同的贸易方式从事不同商品的出口,我们以"商品"为单位,构建被解释变量及出口溢出指标考察出口溢出效应对以不同贸易方式进行出口的影响。具体来说,被解释变量取值为1表示企业在上期对特定国家没有以某种方式出口某种商品,但在当期有以特定方式出口到特定国家特定商品,被解释变量取值为0表示企业在上期和当期都没有以相同的方式出口某种商品到特定国家。出口溢出指标用相同县内以相同方式出口到相同国家的企业数量对数来衡量。在估计中,仅保留从事加工贸易和一般贸易的企业,根据贸易性质,假定进料加工和一般贸易属于同一贸易类型。①

表5-5的第1、2列分别是用县内从事"加工贸易"和"一般贸易"的企业数量对数作为出口溢出指标,对全部样本进行回归的结果。从出口溢出变量前面的系数来看,不管是"加工贸易"还是"一般贸易",总体上都存在溢出效应。为考察这种溢出效应是出现在同种贸易方式内还是不同贸易方式间,我们又分别考察了从事"加工贸易"企业对从事"一般贸易"和"加工贸易"企业出口的溢出效应(如表5-5的第3、4列)以及从事"一般贸易"企业对从事"一般贸易"和"加工贸易"企业出口的溢出效应(如表5-5的第5、6列)。估计结果显示,溢出效应不仅存在于同种贸易方式内,也存在于不同贸易方式间。即,某地区不管是以"加工贸易"方式或是以"一般贸易"方式出口到特定国家的企业越多,该地区其他企业以"加工贸易"或"一般贸易"出口到该国的倾向都会增加。

---

① 简单起见,后文中将"来料加工贸易"简称为"加工贸易",将"进料加工贸易"和"一般贸易"简称为"一般贸易"。

表5-5 出口溢出效应在不同贸易方式间的差异

	(1)	(2)	(3)	(4)	(5)	(6)
Lwage	0.010***	0.012***	0.012***	0.015***	0.014***	0.007*
	(4.82)	(6.23)	(5.11)	(3.91)	(6.36)	(1.86)
LLP	-0.017***	-0.019***	-0.019***	-0.008***	-0.020***	-0.011***
	(-13.51)	(-16.25)	(-12.62)	(-3.43)	(-13.97)	(-4.79)
Lsale	-0.007***	-0.006***	-0.017***	0.007***	-0.018***	0.008***
	(-7.57)	(-7.72)	(-15.63)	(4.85)	(-17.59)	(5.61)
Limp	0.012***	0.008**	0.025***	-0.018***	0.013***	-0.018***
	(4.32)	(2.78)	(7.19)	(-3.64)	(4.00)	(-3.57)
age	-0.043***	-0.039***	-0.023***	-0.109***	-0.022***	-0.109***
	(-24.47)	(-23.68)	(-11.36)	(-30.04)	(-11.69)	(-30.05)
distw	-0.002	0.002	-0.0034	-0.005	0.002	-0.002
	(-1.21)	(1.03)	(-1.85)	(-1.76)	(1.19)	(-0.74)
GDPCur	0.013***	0.013***	0.016***	0.007***	0.015***	0.005***
	(19.20)	(20.12)	(19.86)	(6.16)	(20.15)	(4.31)
Agg1	0.009***	0.018***	0.003***	0.016***	0.018***	0.015***
	(16.09)	(29.35)	(4.28)	(15.84)	(24.67)	(13.04)
常数项	-1.137***	-1.247***	-1.178***	-0.943***	-1.277***	-0.910***
	(-53.01)	(-61.23)	(-45.18)	(-24.49)	(-52.59)	(-23.50)
时间虚拟变量	有	有	有	有	有	有
观测值	1626339	1788674	1160987	465352	1321308	467366

第五节 本章小结

过去几十年里,中国对外贸易迅猛增长的过程中,也出现了出口"双重集聚"的显著特征。本章在Metliz(2003)模型的基础上,根据出口溢出效应的视角,论证了出口生产地集聚对出口市场集中的影响,从而在理论上解释了中国出口"双重集聚"出现的原因。利用2000~2005年中国工业企业数据库和海关贸易统计数据库的匹配数据,本章也为出口"双重集聚"出现的原因提供了实证证据。

本章的研究表明,政策或许是中国出口市场高度集中的一个重要原因。一方面,20世纪90年代,为了发展对外贸易,政府在沿海地区设立了几个经济特区,优惠的政策吸引了很多企业到特区集聚。劳动力丰裕的优势使聚集在特区的企业倾向与欧美发达国家进行加工贸易,这形成了中国出口市场集中度高的触发条件。另一方面,20世纪70年代末,中国政府认识到了以往高度集中经济体制的弊端,在外贸、金融、财税等领域进行了一系列的改革。其中,以外贸领域的改革最为彻底,主要表现为政策干预相对最少,这意味着溢出效应能在很大程度上影响企业的出口行为。从而后来加入出口行列的企业更倾向于出口到欧美发达国家,使中国出口目的市场呈现出高度集中的特征。

根据研究结论,本章认为可以通过对出口企业在国内地理分布上进行引导,以实现出口市场多元化的目的。但在引导出口企业在国内地理布局中,要注意调和经济集聚所能获得的收益与引起出口市场集中导致经济风险之间的矛盾。因为Long和Zhang(2011)发现经济集聚是中国在金融制度不完善、金融市场不发达情况下实现快速工业化的重要保障,胡翠和谢世清(2014)也论证了经济集聚是中国制造业企业竞争优势的重要来源,并认为其将成为传统低成本优势丧失后继续维持制造业企业国际竞争力的重要支撑。因此,政策的制定不能仅为了降低出口市场集中风险而使企业地理布局过于分散,也要考虑到一定程度的集聚所能获得的收益。

通过对出口企业在国内地理分布上重新规划来调整出口市场结构,也将有助于中国企业实现在全球价值链上的升级。尽管以传统指标来衡量的中国出口规模很大,但在全球网络生产中,中国却处于价值链的中低端,出口创造的增加值非常有限(Koopman,Wang和Wei,2012)。其中一个重要原因是,中国大多数贸易伙伴国是制度完善、技术发达的西方国家,容易被"锁定"在价值链低端(许南和李建军,2012)。大力开拓新兴市场是改变这一现状的途径之一(隆国强,2013)。中国的地区差异显著,有些地区在与新兴市场国家的分工中具有明显优势。因此,可以首先引导一部分出口企业在这些地区投资,通过出口溢出效应,带动越来越多的企业与新兴市场国家进行分工协作,掌握主动权,改变被"锁定"的现状,实现在全球价值链上的攀升。

第六章　出口双重集聚形成机制的进一步分析

第一节　引言

上一章考察了出口国内集聚对企业开始出口的影响,发现某地区出口到某个目的地的企业越多,该地区的其他企业越倾向于向该目的地出口。尽管这一结果能在一定程度上解释出口"双重集聚"形成的机制,但却有两点不足:第一,行业双重集聚的机制仍未得到解释。在第三章的统计描述中,我们发现各行业的出口也呈现出了双重集聚的特征;第二,只考虑了出口国内集聚对企业开始出口(即扩展边际)的影响,而没有考虑对出口额(即集约边际)的影响。Rauch和Watson(2003)在理论上曾阐述了出口企业国内集聚对出口集约边际的影响。他们认为在一段买卖关系开始建立之初,买方面临着卖方供货的不确定性,因而订货量较低。但出口企业国内集聚让买方能够获得关于供应商供货能力、商品质量的更多信息,有利于提高订单量,从而提高企业层面上的出口规模。本章弥补了上一章中的这两个不足,更深入的解释了出口双重集聚的形成机制。

本章同样利用中国海关数据库和中国工业企业调查数据库的样本,构建了出口扩展边际和出口集约边际被解释变量。估计结果发现,产品和目的地特定的出口企业集聚不仅对开始出口特定商品到特定目的地(扩展边际)有显著为正的影响,而且对出口特定商品到特定目的地的规模(集约边际)也有显著为正的影响。当集聚变量换成了商品特定或目的地特定时,上述效应也依然存在,但要较商品和目的地同时特定的影响小。同上一章一样,我们也发现,不管是对于开始出口还是对于出口规模,出口国内集聚的影响都随着距离增加而呈现衰减的特征,即出企业国内集聚对县内企业出口绩效的影响最大,其次是省内县外的企业,最后是省外的企业。此外,本章也发现,在扩展边际方面,小企业和多产品企业受出口国内集聚的影响较大;而在集约边际方面,大企业和单产品企业受到的影响更大。

本章的余下安排为:第二节是实证模型和变量构造;第三节是数据来源和集聚变量的统计描述;第四节是估计结果及稳健性检验;最后一节是结论。

第二节 实证模型和变量构建

一、实证模型

现有关于国际贸易决定因素或国际贸易结构的研究,大都建立在引力模型基础上。同之前的研究一样,本章对企业决定开始出口以及出口规模的考察也由引力方程导出。对于理性的决策者而言,只有在能够获得正利润的情况下,才决定出口,即企业出口需要满足以下条件:

$$U_{ijkt} = \pi_{ijkt} + \varepsilon_{ijkt} > 0 \tag{6.1}$$

其中,i代表企业,k为商品,j为国家,t则是时间。U_{ijkt}表示企业i在时间t出口k商品到j国能获得的净利润。π_{ijkt}为出口净利润中可观测到的部分;ε_{ijkt}则是不可观测到的部分,受企业特征、所在地区以及出口目的地特征的影响。当企业的供给能力上升,或是进口国的市场潜力增加时,净出口利润U_{ijkt}也会随之提高。而当双边贸易成本上升时,净出口利润U_{ijkt}会下降。本书主要关注出口的溢出效应,该因素有可能会降低出口的可变成本或固定成本,从而影响净出口利润。由此,企业i在时间t开始向j国出口商品k的可能性可以写成如下形式:

$$Prob_{ikjt} = Prob\left(\alpha_0 empl_{it} + \alpha_1 demand_{jkt} + \alpha_2 dist_j + \alpha_3 spill_{it} + \varepsilon_{ijkt} > 0\right) \tag{6.2}$$

上式中$empl_{it}$是企业i在时间t雇佣人数的对数。$demand_{jkt}$为j国在时期t对商品k的总需求。$dist_j$为距离,用来作为引力方程中贸易成本的代理变量。$spill_{it}$是衡量溢出效应的变量。$prob_{ikjt}$为企业i在时间t向j国出口k商品的概率,当企业i在时间t-1没有向j国出口k商品,但在时间t有出口时,该变量取值为1;当时间t-1和时间t都没有向j国出口k商品时,该变量取值为0。由于被解释变量为0和1的虚拟变量,用OLS进行估计时存在异方差的问题,因此,这里用logit方法、并控制企业-产品-国家的固定效应进行估计。从而,估计的效应将被解释为企业-产品-国家内部在时间维度上的变化。ε_{ijkt}是扰动项,并假设其服从正态分布的随机变量。

对企业出口额的影响也是建立在传统引力方程基础上:在其他条件都相同的情况下,企业i的供给能力越大,出口目的地潜在需求越高,双边贸易成本越低,企业i向j国出口k商品的量就会越多。将基本的引力方程两边同时取对数后,估计的方程变为:

$$\exp_{ikjt} = \beta_0 empl_{it} + \beta_1 demand_{jkt} + \beta_2 dist_j + \beta_3 spill_{it} + v_{ikjt} \quad (6.3)$$

其中,$\exp_{ikjt}$是企业i在时间t向j国出口k商品规模的对数。其他变量的含义同式(6.2)。v_{ikjt}是被假定为服从正态分布的随机扰动项。

二、变量构建

(一)被解释变量

本章的估计中,我们考虑集聚对出口扩展边际和集约边际的影响,因此被解释变量有两个。一个是代表出口扩展边际的衡量企业开始出口的变量,一个是代表出口集约边际的衡量企业出口规模的变量。这里同样利用虚拟变量来表示是否出口。当企业i在时间t向j国出口了k商品,但在时间t-1没有出口,则取值为1;[①]在时间t和t-1期,企业i都没有向j国出口k商品,则取值为0。集约边际则是用企业在时间t对j国k商品出口额的对数来衡量。之所以不用出口量,主要是因为尽管用出口量能够克服价格因素的影响,但不同商品的计量单位有很大差异,无法统一度量。

(二)集聚变量

因为我们考察在中国企业通过出口进行国际化的过程中,是否存在

---

① 当时间t-1和t期都有向j国出口k商品时,被解释变量即为缺失。

出口的溢出效应,因而,对于出口企业的地区边界和产品边界的界定十分关键。在中国海关数据库中,企业的确定除了用名称外,还有10位编码。这10位编码中的前5位是报关国内地区代码,其中的前4位对应的是行政区划代码,即第1和第2位代表企业所在的省,第3位和第4位代表企业所在的市。同上一章利用邮编对应确定企业地址不同的是,这里我们直接利用企业的10位编码的前四位确定企业地址,并根据所拥有的信息,分别以省和市作为衡量溢出变量的地理边界。以省作为基本的度量边界有一定的合理性。这是因为,受历史传统以及计划经济体制的影响,长期以来,省份在中国是最独立、最基本、最重要的行政区域,而且在中国进行分权及权力下放改革之后,省份拥有相对独立的立法、行政、司法、财政分配、经济决策等权力。特别是经济规划,主要由省份来负责实施。即中国的省份不仅是一级行政区划,同时也是一级经济区,省份内部的经济联系往往大大强于省份外的经济联系,因而是分析溢出效应的重要地理单元。根据统计,样本中共有31个省,380个地级市。[①]关于产品边界,在中国海关数据库中,企业出口的产品是按照HS8位码来记录的,其中前6位是按照国际通行规则进行编制,为此,这里将企业出口产品的种类在HS8位码上进行细分。

根据研究目的,我们构建了四个不同的出口集聚变量,每个集聚变量衡量的是不同加总水平上的溢出。最广泛的出口集聚变量是仅考虑企业所在的地区特征,即时间t企业i所在市的出口企业数量。其次是特定目的地的出口集聚变量,由时间t企业i所在市出口到相同目的地的企业数量来表示。第三个是特定商品的出口集聚变量,由时间t企业i所在市出口相同商品的企业数量来代替。第四个是特定目的地特定商品的出口集聚变量,其定义是时间t企业i所在市出口相同商品到相同目的地的企业数量总和。同Koenig等(2010)一样,这里的集聚变量都不取对数。

[①] 注意这里的380个地级市是2000~2006年之和,即2000年没有,但2006年有的地级市算在这380个地级市之中。所以每年地级市的个数可能没达到380个。

(三) 其他解释变量

同其他研究一样,我们也控制了可能影响出口的企业特征变量和地区特征变量。在企业特征变量方面:首先,估计中包括了企业生产率。根据 Melitz(2003)的研究,生产率越高的企业越倾向于出口,因此预期生产率为正。此外,生产率更高的企业越倾向于选择落址在集聚程度更高的地区(Melitz 和 Ottaviano, 2008),控制企业生产率变量能够防止高估溢出变量系数、从而高估集聚影响的可能。由于生产率并非所关注的主要变量,这里用企业劳动生产率的对数进行衡量。企业规模可能会影响企业供给能力,从而与出口倾向和出口规模有关,因此,估计中,我们也控制了企业规模这一变量,用企业雇佣人数的对数进行衡量。最后,进口也可能会使企业获得世界市场的信息,因而回归中也控制了企业在 t-1 期是否进口的虚拟变量。在地区特征变量方面,同 Koenig 等(2010)一样,控制了地区的大小,用企业所在地区雇佣总数对数来表示。

根据式(6.2)和(6.3),回归中还应该包含商品目的地的特征变量,即中国与其他国家之间的距离,以及目的地对商品的需求,但由于在回归中,控制了企业-商品-目的地的固定效应,所以这两个变量在回归时都被删掉。

第三节 数据来源和统计描述

这里使用的数据来源同前面几章一样,也是中国海关数据库和中国工业企业调查数据库,时间跨度为2000~2006年。我们首先根据海关数据库分别构建第二节所描述的四个溢出变量,然后依据企业名称将中国海关数据库和中国工业企业调查数据库进行合并,最后得到的样本是一个企业-商品-目的地维度上的非平衡面板。

表6-1和6-2给出了本章估计的样本中各变量的统计描述。由于中国工业企业数据库包含了所有国有企业以及规模以上非国有企业,因此,当中国海关数据库同中国工业企业数据库匹配后,非国有的出口企业都是规模以上的大企业。根据表6-1,从出口额上看,国有和规模以上

非国有企业在总出口中占比在31.49%~49.83%之间,即超过总出口额的四分之一,并接近一半;在出口规模上,国有和非国有企业在总出口中占比在22.12%~38.30%之间;在出口企业数量方面,国有和非国有企业在所有出口企业中所占比重在25.14%~34.16%之间。匹配后的样本在总出口额中所占比重平均为41.54%,其较企业数量所占比重高的事实意味着,在中国出口部门中,有大量中小企业。这与出口部门改革较早、市场化程度高的现实相符。

表6-2描述了估计中使用变量的统计性质。在所考察的年份里,企业最低雇佣10个劳动力,这是因为中国工业数据库中的企业是国有和规模以上的大企业,我们删掉了雇佣人数低于10的样本。企业生产率对数的平均值为3.85。样本中,企业平均生产率对数的最小值为负数,这是因为本章将劳动生产率取了对数。当劳动生产率小于1时,就会出现企业生产率对数为负的情况。样本中,单个企业出口商品种类最多的是692种,平均每个企业出口商品约7种。单个企业出口的目的地最多为158个,平均每个企业出口目的地约8个。从平均值上来看,中国企业出口商品种类的平均值以及出口目的地个数的平均值都较法国企业低(法国企业出口商品种类的平均值和出口目的地个数的平均值都为11),但单个企业出口商品的种类的最大值及出口目的地数量的最大值却都较法国企业高(法国企业出口商品种类的最大值为277,出口目的地最大值为116)。表6-2的下半部分报告了出口溢出变量的统计性质。随着出口目的地、出口商品的具体化,出口溢出变量的平均值变小。具体来说,当不考虑出口商品和出口目的地时,同一个省其他市平均有4188个相邻的出口企业;但当考虑了出口商品和出口目的地时,同一个省其他市平均只有15家企业,远远低于不考虑出口商品和出口目的地时的企业数量。

表6-3进一步对溢出变量进行了分析。从表里可以看出,有约71.49%的城市,在与该城市的企业处于相同省份但不同市、并出口相同商品到相同目的地的企业平均数量低于6家。有约9.78%的城市,与其处于相同省份不同市,并出口相同商品到相同目的地的企业数量在6到10家之间。当仅要求目的地相同时,同一个省不同市至少有5家企业的

观测值在总样本中占比从28.51%上升到67.97%；当仅要求出口商品相同时，该比重上升为97.97%。而当出口地和出口目的地都要求相同时，这一比重进一步上升到了99.90%。

表6-1 样本的统计描述

	所占比重					
	国有和规模以上非国有企业			其他企业		
	出口额	出口量	出口企业数量	出口额	出口量	出口企业数量
2000	31.49%	22.86%	25.14%	68.51%	77.14%	74.86%
2001	35.92%	22.12%	28.45%	64.08%	77.88%	71.55%
2002	38.34%	23.11%	28.18%	61.66%	76.89%	71.82%
2003	40.64%	27.17%	28.18%	59.36%	72.83%	71.82%
2004	49.83%	36.08%	34.69%	50.17%	63.92%	65.31%
2005	47.82%	37.14%	30.16%	52.18%	62.86%	69.84%
2006	46.75%	38.30%	29.45%	53.25%	61.70%	70.55%

表6-2 使用样本的统计描述

名称	含义	Mean	Std.dev.	Min	Max
employment_firm	企业雇佣人数	5.70	1.24	2.30	11.94
LLP	生产率	3.85	1.12	-5.70	13.36
employment_city	城市雇佣人数	13.29	0.92	5.68	14.70
Limp	从相同国家进口相同商品规模	11.32	3.64	0.00	23.16
number_product	出口商品数量	6.69	10.10	1.00	692.00
Number_country	目的地数量	7.97	9.88	1.00	158.00
agg_city	同一省其他市出口企业数量	4186.70	5362.94	1.00	25838.00
agg_city_hs	同一省其他市出口相同目的地的企业数量	967.33	1731.16	0.00	19622.00
agg_city_cou	同一省其他市出口相同商品的企业数量	79.91	319.39	0.00	7669.00
agg_city_hc	同一省其他市出口相同商品到相同目的地的企业数量	14.51	81.61	0.00	2101.00

注：前四个变量都是对数形式进行的统计；其他变量都是水平值进行的统计。

表6-3 溢出变量的分布统计

同省份其他城市企业数量	城市数量占比			
	相同商品相同目的地	相同目的地	相同商品	所有商品所有目的地
<6	71.49%	32.03%	2.03%	0.10%
6-10	9.78%	12.48%	1.44%	0.07%
11-15	4.79%	7.98%	1.57%	0.07%
16-20	2.49%	5.68%	1.51%	0.00%
21-25	1.51%	4.24%	1.37%	0.03%
26-30	1.18%	3.81%	1.44%	0.10%
>30	8.76%	33.77%	90.64%	99.64%

第四节 实证结果

一、出口集聚对出口扩展边际的影响

这一节首先报告利用logit方法估计的出口集聚对出口倾向的影响。对式(6.2)和式(6.3)进行估计时,都有可能存在内生性问题。Bernard和Jensen(1999)发现,大企业更容易进行出口(即出口企业在出口之前规模就更大,生产率更高,能支付更高的工资),但同时,出口使企业雇佣更多劳动力。因此,企业规模和企业出口行为之间的因果关系难以确定。此外,当企业家预期到在出口市场上可能遭受有利(或不利)需求冲击时,很可能雇佣(或解雇)一些劳动力以适应国际市场上需求的变化。因而,出口行为和企业特征变量之间存在反向因果关系和同时决定的问题。这一问题对出口溢出变量来说同样也存在。如果企业i的出口行为受到相邻企业的影响,那么相邻企业的出口行为也会受到企业i的影响,从而出现反向因果关系的问题。进一步,由于不可观测到的供给和需求冲击不仅会影响企业i的出口行为,也会影响与企业i相邻的企业出口行为,因而产生同时决定的问题。为此,在估计中,我们根据Bernard和Jensen(2004),将所有的解释变量都取滞后一期。此外,所有的估计结

果都控制了时间和企业-商品-目的地的固定效应。

表6-4给出了出口企业集聚对企业出口倾向影响的估计结果。回归中,所有溢出变量都是由出口相同商品且相同目的地的企业数量来衡量。从左到右,每列依次增加更多的变量。由于在估计中控制了企业-商品-目的地的固定效应,因而,衡量贸易成本的中国与目的地的距离变量在回归中被删掉了。此外,企业、商品和目的地三元组合的固定效应能够帮助控制给定地区企业内的异质性,以及企业国家和企业商品的异质性。最后,控制企业-商品-目的地的固定效应后唯一变化的便是时间维度,从而,估计结果将被解释为出口集聚的变化对企业出口某种商品到某个国家概率的影响。

第1列的估计中仅包含企业雇佣劳动力数量的对数和从相同国家进口相同商品的规模对数。第2列增加了出口集聚变量,其系数为正,且在1%的水平上显著。但由于没有控制其他重要的变量,该估计结果包含了所有与集聚有关的因素对开始出口的影响。考虑到生产率越高的企业,出口倾向越大,第3列引入了企业生产率变量。控制了生产率变量后,出口集聚变量前面的系数仍然在1%的水平上显著为正,且系数大小与第2列相差不大。生产率的系数同样在1%的水平上显著正,意味着生产率越高的企业,确实越容易出口。

最后1列在第3列的基础上进一步加入了企业所在城市就业人数的对数,以控制企业所在地区的集聚效应。结果表明,该变量的系数在1%的水平上显著为正。加入了该变量后,出口集聚变量前面的系数也仍然是在1%的水平上显著,系数大小变为了0.4322。这意味着,当同一地区相邻企业数量上升时,对企业出口的正向溢出效应大于负向的挤出效应。根据第4列的结果,可以得到出口集聚有利于企业出口的结论。

表6-4 出口溢出效应与出口扩展边际

	(1)	(2)	(3)	(4)
employment_firm	0.8482***	0.6839***	0.6888***	0.5598***
	(0.0041)	(0.0057)	(0.0057)	(0.0058)
import	0.1093***	0.0700***	0.0698***	0.0406***
	(0.0012)	(0.0018)	(0.0018)	(0.0018)
agg_city_hc		0.6209***	0.6200***	0.4322***
		(0.0041)	(0.0041)	(0.0045)
LLP			0.0001***	0.0001***
			(0.0000)	(0.0000)
employment_city				0.9583***
				(0.0094)
年份固定效应	是	是	是	是
企业-产品-国家固定效应	是	是	是	是
观测值	2605336	1338241	1338241	1338241

注：***代表在1%的水平上显著。括号内为t值。

我们继续考察在出口溢出效应存在的范围,即当相邻的企业出口不同商品,或出口到不同的国家(地区),这种效应依然存在。表6-5是利用不同集聚变量估计的结果。第1~4列对应的出口集聚变量依次是不考虑出口商品和出口目的地,不考虑出口商品,不考虑出口目的地,既考虑出口目的地也考虑出口商品。不管出口集聚变量如何构建,该变量的估计系数都为正,且都在1%的水平上显著。但比较4列的结果可以看出,出口集聚变量前的系数呈递减的特征,即当不考虑出口商品和出口目的地时,出口集聚的影响最小;考虑出口商品或出口目的地时,出口集聚的影响稍有提高,且特定商品的出口集聚效应较特定目的地的出口集聚效应大;而当既考虑出口商品又考虑出口目的地时,出口集聚的影响最大。在以下的稳健性检验中,我们都采用第4列的模型设定。

表6-5 出口溢出效应的范围:出口扩展边际

	（1）	（2）	（3）	（4）
employment_firm	0.6936***	0.7004***	0.6922***	0.6262***
	（0.0043）	（0.0043）	（0.0045）	（0.0059）
import	0.0582***	0.0608***	0.0576***	0.0388***
	（0.0012）	（0.0012）	（0.0013）	（0.0018）
agg_city	0.0002***			
	（0.0000）			
agg_city_cou		0.0004***		
		（0.0000）		
agg_city_hs			0.0005***	
			（0.0000）	
agg_city_hc				0.4212***
				（0.0045）
LLP	0.2416***	0.2454***	0.2386***	0.1984***
	（0.0025）	（0.0025）	（0.0026）	（0.0034）
employment_city	0.8065***	0.9954***	1.2029***	0.8922***
	（0.0080）	（0.0076）	（0.0074）	（0.0095）
年份固定效应	是	是	是	是
企业-产品-国家固定效应	是	是	是	是
观测值	2601427	2594779	2329743	1338194

注:***代表在1%的水平上显著。括号内为t值。

表6-6是关于出口集聚对开始出口影响的稳健性检验。企业在一个地区集聚将会增加对该地区劳动力的需求,在劳动力供给一定的情况下,工资会上涨,这将会降低企业的出口倾向。因此,遗漏掉工资这一变量将会导致对出口集聚影响的估计有偏。在表6-5第4列所对应模型的基础上,表6-6第1列是加入企业平均工资(wage,即用企业财务报表中的工资总额除以企业雇佣劳动力人数计算得到)变量后的估计结果。平均工资变量前面的系数在1%的水平上显著为正,可能原因是企业所支

付的工资与其生产率相关。值得注意的是,加入了工资变量后,出口集聚变量前面的估计系数仍然为正,且在1%的水平上显著。此外,从估计系数的大小来看,与不加入工资变量时的结果差不多。

在集聚经济学中,除了行业内的外部性,Jacobs(1969)还强调同一个地区经济活动的多样性也会影响企业绩效,集聚的这种效应被称为城市经济。类似地,同一地区出口商品的种类越多,也可能会影响到该地区企业的出口行为。为考察同一地区出口商品多样化对该地区企业出口倾向的影响,我们在表6-5第4列所对应的模型中加入了企业所在城市出口商品种类(不考虑商品出口目的地)对数的变量(OP)进行估计,结果如表6-6第2列所示。该变量前面的系数在1%的水平上显著为正,意味着确实如城市经济所揭示的,企业所在地区出口商品种类越多,该企业越倾向于出口。同样,加入了企业所在地区出口商品种类对数的变量后,出口集聚变量前估计系数的符号及显著性都未发生变化。

表6-6的第3列继续考察给定商品和目的地的出口溢出效应和仅给定商品的出口溢出效应的大小。在企业-商品-国家维度上,可以将产品特定的溢出效应分解为两类:一类是出口相同商品到相同目的地的企业数量的影响,一类是出口相同商品到不同目的地的企业数量的影响。因而,在表6-5第4列所对应的模型中,加入了同一地区出口相同商品到不同国家的企业数量这一变量(agg_city_hs_other1),估计结果为表6-6的第3列所示。本节所关注变量前面的系数仍然在1%的水平上显著。衡量仅给定商品的出口溢出效应变量前的系数同样也是在1%的水平上显著,但从大小上来看,却远远小于衡量给定商品和目的地的出口溢出效应变量的估计系数。这意味着给定商品和目的地的出口溢出效应要远远高于仅给定商品的溢出效应。

第4列和第5列考察的是出口溢出效应存在的地理范围。第4列是在表6-5第4列所对应的模型中加入不同地理范围上构建的出口集聚变量得到的估计结果。出口集聚变量包括:与企业同在一个地级市且出口相同商品到相同目的地的企业数量(agg_city_hc)、与企业在同一个省份且出口相同商品到相同目的地但属于不同地级市的企业数量

(agg_city_hc_other),与企业在不同省份但出口相同商品到相同目的地的企业数量(agg_province_hc_other)。估计结果显示,与企业同在一个地级市且出口相同商品到相同目的地的企业数量、与企业在同一个省份且出口相同商品到相同目的地但属于不同地级市的企业数量两个变量前面的估计系数都显著为正,与企业在不同省份但出口相同商品到相同目的地的企业数量前面的估计系数尽管为正,却并不显著。这意味着出口集聚的溢出效应仅在一定地理范围内才存在。从大小来看,与企业同在一个地级市且出口相同商品到相同目的地的企业数量前的估计系数高于与企业在同一个省份且出口相同商品到相同目的地但属于不同地级市的企业数量的估计系数,这说明出口集聚的溢出效应随着距离增加呈下降的趋势。

第5列估计了和第4列同样的模型,只是出口集聚变量的构建仅要求出口商品相同即可。估计结果再次证明了出口集聚对开始出口概率的影响随着距离增加而下降。同一个地级市的出口企业数量的估计系数最大,同一个省但不同市的出口企业数量的估计系数次之,而其他省的出口企业数量的估计系数尽管和同一个省但不同市的出口企业数量估计系数都为正,但并不显著。这一结果说明出口集聚对企业出口绩效的影响具有本地化的特征。从现实来看,该结果具有一定的合理性,因为距离越远,企业之间越难以合作,信息也越难以交流,从而溢出效应会越小。

表6-6 稳健性检验:出口扩展边际

	(1)	(2)	(3)	(4)	(5)
employment_firm	0.6085***	0.5997***	0.6271***	0.6012***	0.5587***
	(0.0065)	(0.0066)	(0.0059)	(0.0066)	(0.0074)
import	0.0400***	0.0248***	0.0388***	0.0300***	0.0285***
	(0.0019)	(0.0020)	(0.0018)	(0.0020)	(0.0023)
wage	0.2008***				
	(0.0060)				
LOP	0.0016***				

	(1)	(2)	(3)	(4)	(5)
		(0.0000)			
agg_city_hs_other1		0.0001***			
		(0.0000)			
agg_city_hc_other			0.3306***		
			(0.0052)		
agg_province_hc_other			0.0004		
			(0.0000)		
agg_city_hs_other				0.0003***	
				(0.0000)	
agg_province_hs_other				0.0003	
				(0.0000)	
agg_city_hc	0.4352***	0.3198***	0.4171***	0.5881***	
	(0.0048)	(0.0052)	(0.0046)	(0.0061)	
agg_city_hs					0.3680***
					(0.0057)
LLP	0.2068***	0.1683***	0.1990***	0.1828***	0.1918***
	(0.0037)	(0.0037)	(0.0034)	(0.0037)	(0.0044)
employment_city	0.9280***	0.4378***	0.8771***	0.8579***	0.9408***
	(0.0105)	(0.0141)	(0.0099)	(0.0119)	(0.0161)
年份固定效应	是	是	是	是	是
企业-产品-国家固定效应	是	是	是	是	是
观测值	1202373	1118090	1338194	1107194	1053474

注:***,**,*分别代表在1%,5%,10%的水平上显著。括号内为t值。

在上述估计中,可能存在利用特定样本而导致样本选择偏误的问题。为此,我们利用不同的子样本进行回归以证明前面的基本结论是稳健的。

表6-7是利用不同规模企业的子样本进行估计的结果。根据企业雇佣人数的多少,我们将企业分成大企业和小企业。其中,第1列和第2列划分大、小企业的标准是相应年份相同行业雇佣人数的平均值。当企业

雇佣人数高于该平均值时,被定义为大企业;当企业雇佣人数低于该平均值时,被定义为小企业。第3列和第4列划分大、小企业的标准是相应年份相同行业雇佣人数的中位数。当企业雇佣人数高于中位数时,被定义大企业;当企业雇佣人数低于该中位数时,被定义为小企业。估计结果显示,不管用哪种标准定义企业的规模,也不管是哪种规模的企业,出口集聚变量前的估计系数都在1%的水平上显著为正。从估计系数大小来看,用小企业样本进行估计时,出口集聚变量的估计系数要稍大。因而,出口集聚对小企业开始出口概率的影响更大。

表6-7 出口集聚对不同规模企业出口扩展边际的影响

	大企业	小企业	大企业	小企业
employment_firm	0.8259***	0.3955***	0.7699***	0.1439***
	(0.0115)	(0.0123)	(0.0092)	(0.0151)
import	0.0040***	0.0392***	0.0405***	0.0377***
	(0.0032)	(0.0037)	(0.0026)	(0.0051)
LP	0.2029***	0.2483***	0.2083***	0.2260***
	(0.0067)	(0.0069)	(0.0053)	(0.0088)
employment_city	1.0452***	1.5224***	1.0697***	1.0862***
	(0.0182)	(0.0236)	(0.0150)	(0.0321)
agg_city_hc	0.4221***	0.5118***	0.4371***	0.4859***
	(0.0075)	(0.0091)	(0.0061)	(0.0127)
年份固定效应	是	是	是	是
企业-产品-国家固定效应	是	是	是	是
观测值	466299	326803	696473	157693

注:***,**,*分别代表在1%、5%、10%的水平上显著。括号内为t值。

表6-8是利用单产品企业和多产品企业子样本进行估计的结果。这里用三种标准对单产品企业和多产品企业进行划分。第一种标准是,当企业仅出口一种商品时,被定义为单产品企业,否则为多产品企业;第二种定义是,出口最多的那种商品出口额在总出口中所占比重超过50%的

企业为单产品企业,否则为多产品企业;第三种定义是出口最多的那种商品出口额在总出口中所占比重超过75%的企业为单产品企业,否则为多产品企业。根据估计结果,不管以何种标准来划分企业,出口集聚对单产品企业和多产品企业开始出口的影响都在1%的水平上显著为正。从估计系数大小来看,用多产品企业样本进行估计时,出口集聚变量的估计系数要稍大。因而,出口集聚对多产品企业开始出口概率的影响更大。根据上述估计结果,我们再次论证了基本估计结果中的结论:随着同一地级市出口相同商品到相同目的地的企业数量增加,该地区其他企业出口相同商品到相同目的地的概率会上升。

表6-8 出口集聚对单产品和多产品企业出口扩展边际的影响

	单产品	多产品	单产品	多产品	单产品	多产品
employment_firm	0.4685***	0.5867***	0.6668***	0.5184***	0.6940***	0.2785***
	(0.0623)	(0.0070)	(0.0097)	(0.0132)	(0.0142)	(0.0314)
import	0.0295*	0.0384***	0.0396***	0.0348***	0.0415***	0.0315***
	(0.0171)	(0.0022)	(0.0031)	(0.0039)	(0.0044)	(0.0096)
LLP	0.2407***	0.2114***	0.2402***	0.2272***	0.2644***	-0.0042**
	(0.0380)	(0.0042)	(0.0057)	(0.0083)	(0.0084)	(0.0212)
employment_city	1.5154***	0.9651***	1.0281***	0.7140***	1.3782***	1.1978***
	(0.1174)	(0.0125)	(0.0173)	(0.0233)	(0.0256)	(0.0648)
agg_city_hc	0.3823***	0.4363***	0.4178***	0.4478***	0.4082***	0.5228***
	(0.0493)	(0.0052)	(0.0072)	(0.0097)	(0.0107)	(0.0246)
年份固定效应	是	是	是	是	是	是
企业-产品-国家固定效应	是	是	是	是	是	是
观测值	13457	1053474	605390	286527	300981	47561

注:***,**,*分别代表在1%,5%,10%的水平上显著。括号内为t值。

二、出口集聚对出口集约边际的影响

这部分主要报告出口集聚对企业出口规模的影响。估计的样本中,所有观测对象都至少向某个目的地出口一种商品。估计时都控制了年份和企业-产品-目的地的固定效应。结果报告在表6-9~表6-12中。

表6-9的前4列是基本的估计结果,各列估计中所包含的变量同表6-4,只是被解释变量换成了企业出口额的对数。从左到右,依次增加更多的变量。第4列是利用本章偏好的模型估计得到的。结果同前面一样,不管控制了哪种变量,出口集聚变量前面的估计系数都在1%的水平上显著为正。从而,随着出口企业数量增加,该地区的企业不仅出口相同商品到相同目的地的概率会增加,而且出口额也会上升。

第5列和第6列中出口集聚变量分别是在仅考虑相同商品,仅考虑相同出口目的地的基础上进行构建的。结果显示,当仅考虑相同商品,或仅考虑相同出口目的地时,企业数量的上升,仍然会显著提高在相同地区的企业出口相同商品,或相同地区相同目的地的出口规模。但从估计系数来看,特定商品或特定目的地的出口溢出效应较特定商品和特定目的地出口溢出效应小。

表6-9 出口溢出效应与出口集约边际

	(1)	(2)	(3)	(4)	(5)	(6)
employment_firm	0.2538***	0.1426***	0.1607***	0.1482***	0.1957***	0.2088***
	(0.0061)	(0.0070)	(0.0071)	(0.0073)	(0.0066)	(0.0066)
import	0.0241***	0.0062***	0.0053**	0.0035	0.0100***	0.0117***
	(0.0019)	(0.0022)	(0.0022)	(0.0022)	(0.0019)	(0.0019)
agg_city_country						0.0003***
						(0.0000)
agg_city_district					0.0002***	
					(0.0000)	
agg_city_hc		0.2198***	0.2114***	0.1980***		
		(0.0053)	(0.0054)	(0.0057)		
LLP			0.0443***	0.0402***	0.0595***	0.0655***
			(0.0040)	(0.0041)	(0.0036)	(0.0036)
employment_city				0.1004***	0.1801***	0.2561***

					(0.0135)	(0.0124)	(0.0119)
常数项	5.7471	6.5948	6.3432***	5.1174***	3.3750	2.3396***
	0.0400	0.0452	0.0507	0.1723	0.1604	0.1521
年份固定效应	是	是	是	是	是	是
企业-产品-国家固定效应	是	是	是	是	是	是
观测值	1492979	1117458	1117458	1117458	1492457	1490500

注:***,**,*分别代表在1%,5%,10%的水平上显著。括号内为t值。

表6-10同表6-6一样,也是稳健性检验。第1列和第2列分别是加入企业平均工资对数(wage)以及企业所在城市出口商品种类(不考虑商品的出口目的地)对数(OP)的估计结果。不管加入什么变量,利用相同商品相同目的地构建的出口集聚变量前面的估计系数都在1%的水平上显著为正。第3列中加入了同一地区出口相同商品到其他国家的企业数变量,结果显示本章所关注变量估计系数的符号和显著性仍然没有发生变化。第4列和第5列考察的是出口溢出效应与距离之间的关系。结果同前面一样,随着距离的增加,出口集聚对企业出口相同商品到相同目的地规模的影响也趋于下降。

表6-10 稳健性检验:出口集约边际

	(1)	(2)	(3)	(4)	(5)
employment_firm	0.1384***	0.1375***	0.1475***	0.1394***	0.1376***
	(0.0080)	(0.0077)	(0.0074)	(0.0076)	0.0076
import	0.0043*	0.0021	0.0035	0.0028	0.0025
	(0.0023)	(0.0023)	(0.0022)	(0.0023)	0.0023
wage	0.0448***				
	(0.0074)				
OP		0.0001***			
		(0.0000)			

agg_city_hs_other1			0.0001		
			(0.0001)		
agg_city_hc_other				0.0091	
				(0.0061)	
agg_province_hc_other				0.0000**	
				(0.0000)	
agg_city_hs_other					0.0002***
					0.0000
agg_province_hs_other					0.0000***
					0.0000
agg_city_hc	0.1998***	0.1846***	0.1963***	0.1951***	
	(0.0060)	(0.0062)	(0.0058)	(0.0072)	
agg_city_hs					0.1774***
					0.0061
LLP	0.0421***	0.0339***	0.0400***	0.0354***	0.0330***
	(0.0044)	(0.0042)	(0.0041)	(0.0042)	0.0042
employment_city	0.1275***	0.1818***	0.0968***	0.2080***	0.2274***
	(0.0146)	(0.0193)	(0.0137)	(0.0174)	0.0181
常数项	4.6492***	3.9358***	5.1690***	3.7238***	3.5421***
	(0.1843)	(0.2340)	(0.1752)	(0.2202)	0.2311
年份固定效应	是	是	是	是	是
企业-产品-国家固定效应	是	是	是	是	是
观测值	997484	1068164	1117458	1063302	997484

注：***, **, *分别代表在1%, 5%, 10%的水平上显著。括号内为t值。

最后，我们也考察了不同样本中，出口集聚对同一地区的企业出口相同商品到相同目的地的出口规模的影响。其中表6-11是将样本分成大企业和小企业进行回归的结果。表6-12是将样本分成单产品企业和多产品企业进行回归的结果。其中，对大企业和小企业的划分标准、以及对单产品和多产品企业的划分标准同前面一样。从表中可以看出，不管用哪个子样本进行回归,出口集聚的估计系数大都在1%的水平上显著为正。但与出口扩展边际不同的是,大企业和单产品企业受到的影响更大。

表6-11 出口集聚对不同规模企业出口集约边际的影响

	大企业	小企业	大企业	小企业
employment_firm	0.1429***	0.1051***	0.1537***	0.1000***
	(0.0113)	(0.0132)	(0.0093)	(0.0168)
import	0.0051	0.0030	0.0028	0.0082
	(0.0032)	(0.0037)	(0.0027)	(0.0053)
agg_city_hc	0.1991***	0.1973***	0.2056***	0.1864***
	(0.0083)	(0.0097)	(0.0069)	(0.0138)
LLP	0.0353***	0.0349***	0.0452***	0.0136
	(0.0067)	(0.0063)	(0.0052)	(0.0083)
employment_city	0.1660***	0.1020***	0.1542***	0.0153
	(0.0201)	(0.0024)	(0.0165)	(0.0312)
常数项	4.1143***	5.4882***	4.2614***	6.7522***
	(0.2533)	(0.3075)	(0.2088)	(0.4122)
年份固定效应	是	是	是	是
企业-产品-国家固定效应	是	是	是	是
观测值	562874	434820	798191	319267

表6-12 出口集聚对单产品和多产品企业出口集约边际的影响

	单产品企业	双产品企业	单产品企业	双产品企业	单产品企业	双产品企业
employment_firm	0.2230***	0.1458***	0.1594***	0.1288***	0.2006***	0.1039***
	(0.0372)	(0.0076)	(0.0098)	(0.0139)	(0.0136)	(0.0324)
import	-0.0101	0.0035	0.0073**	0.0031	0.0101***	0.0036
	(0.0104)	(0.0023)	(0.0029)	(0.0042)	(0.0038)	(0.0098)
agg_city_hc	0.2532***	0.1937***	0.2256**	0.1651***	0.2365***	0.1121***
	(0.0304)	(0.0059)	(0.0077)	(0.0105)	(0.0108)	(0.0252)
LLP	0.0413**	0.0393***	0.0367***	0.0442***	0.0601***	0.0215

	(1)	(2)	(3)	(4)	(5)	(6)
	(0.0193)	(0.0043)	(0.0054)	(0.0080)	(0.0074)	(0.0186)
employment_city	0.2883***	0.0885***	0.1499***	0.0629***	0.1944***	-0.1419*
	(0.0563)	(0.0142)	(0.0174)	(0.0027)	(0.0240)	(0.0747)
常数项	4.0981***	5.2137***	4.4834***	5.5087***	3.7847***	8.7611***
	(0.7325)	(0.1816)	(0.2228)	(0.3410)	(0.3054)	(0.9726)
年份固定效应	是	是	是	是	是	是
企业-产品-国家固定效应	是	是	是	是	是	是
观测值	53433	1064025	694987	422447	375402	87314

注:***,**,*分别代表在1%,5%,10%的水平上显著。括号内为t值。

第五节 本章小结

本章同样利用中国工业企业数据库和中国海关数据库的匹配样本,考察了出口集聚对开始出口的概率以及出口规模的影响。与上一章不同的是,本章出口集聚变量的构建限定了商品和出口目的地的范围。估计结果表明,出口集聚对相同商品相同目的地的出口概率和出口规模都有显著为正的影响,即某地区出口特定商品到特定目的地的企业越多,该地区的其他企业越倾向于出口该商品到该目的地,且该地区的其他企业也将更多的向相同目的地出口相同的商品。出口集聚的溢出效应在相同商品和相同目的地的企业间最大,而在不同商品和不同目的地企业间最小。此外,在扩展边际方面,出口集聚对小企业的影响大于对大企业的影响,对多产品企业的影响大于对单产品企业的影响。而集约边际方面则相反。最后,出口集聚的溢出效应呈现随着距离增加而下降的特征:同市中出口集聚的溢出效应最大,其次是同省其他市,其他省份出口集聚的溢出效应最小。从而,当某地区出口某种商品到某个目的地的企业较多时,该地区的企业也愿意出口相同商品到相同目的地,结果是正如第三章看到的,各行业的出口不仅在国内集聚,而且在出口目的地的集聚程度也较高。因此,本章的研究也揭示了行业出口具有"双重集聚"特征的原因。

第七章 出口目的地集聚的影响

第一节 引言

根据前面几章的分析,我们已经了解了中国出口目的地集聚以及双重集聚的形成机制,找到了对出口目的地进行调整的政策或措施手段,但出口目的地如何分布才能使中国从出口中获益最大却仍然未知,本章将对这一问题进行探讨。

在30多年的改革开放过程中,中国对外贸易迅猛发展,货物贸易于2013年超过美国,跃居世界第一。然而,中国从贸易中的获益却不多。Tempest(1996)指出售价10美元的芭比娃娃,由中国创造的增加值仅有0.135美元。Upward等(2013)发现中国出口中的国内增加值比重还不到60%。而且技术含量越高的行业国内增加值占比越低,Kraemer等(2011)进行的案例研究表明,中国从出口iPhone中获得的实际利润在出口总额中的比重只有1.8%左右。此外,近年来,国外市场需求萎缩、贸易保护主义重新抬头,国内劳动力成本上升、资源约束增加使传统的低成本优势逐渐丧失,这些都使出口增速不可避免地放缓。在此背景下,中国对外贸易策略应该如何调整以继续保持从出口中的获益水平是需要思考的重要问题。研究出口目的地分布和出口获益之间的关系有利于从调整出口市场的视角提高中国从贸易中的获益。由于生产率的提高是贸易获益的重要体现,本章将基于2000~2006年中国工业企业数据库和海关数据库,通过考察出口额、目的地特征及生产率之间的关系来对中国出口目的市场调整的方向进行分析。

出口与生产率的关系是近十几年来国际贸易领域的热点话题。自Bernard和Jensen(1995,1999)的开拓性研究以来,很多文献利用不同国家的微观数据都发现了出口企业生产率较非出口企业更高的现象,并由此产生了两个相关的解释。第一个解释与"自我选择"有关,即只有生产率高的企业才能够出口,因为只有这些企业在竞争更为激烈的国际市场上才能生存下来。另一个是关于"出口中学"假说的解释,其强调企业通过与出口市场中的消费者或同行互动,能够获得新的知识和技术,从而出口有利于生产率的提高。大量研究对这两种解释进行了验证。

尽管自我选择出口的解释得到了大多数学者的支持,但对于"出口中学"的解释是否成立却没有一致的结论。有些文献支持存在出口学习效应。如 De Loecker(2007)利用斯洛文尼亚制造业企业数据进行的实证研究发现,在 1994~2004 年间,所考察的 16 个行业中有 13 个行业存在出口学习。即企业一旦开始出口,生产率将变得更高。平均而言,出口企业的生产率要比非出口企业高 8.8%。Crespi 等(2006)认为企业出口能从买方学到相关知识,从而导致更高的生产率,并用英国企业的调查数据证明了该观点。Van Biesebroeck(2006)利用 1992~1994 年撒哈拉以南非洲 9 国制造业企业的样本进行的实证研究表明,控制了自我选择效应和其他不可观测变量的情况下,出口企业较不出口企业的生产率高 25%~28%,这也意味着出口学习效应的存在。张杰等(2009)基于 1999~2003 年中国工业企业数据也探讨了出口对中国企业生产率的影响,发现出口显著地提高了中国本土制造业企业的全要素生产率。但也有一些研究并没有发现生产率提高是由出口导致的。如 Bernard 和 Jensen(1999)以美国企业为样本,Clerides 等(1998)以墨西哥、哥伦比亚和摩洛哥企业为样本的研究都发现出口企业和非出口企业在生产率增长方面不存在任何差异。出口与生产率国际研究组 ISGEP(2007)发现在所考察的 14 个国家中,除了意大利,其他 13 个国家都不存在出口学习效应。因而,本章首先考察出口额增加是否有利于企业生产率的提高。

内生性是研究这一话题不可避免的问题。已有研究主要追随 Wagner(2002)和 Girma 等(2004)的做法,利用匹配方法进行处理(如 De Loecker, 2007; Arnold 和 Hussinger, 2005; Yasar 和 Rejesus, 2005; Alvarez 和 Lopez, 2005)。然而,尽管匹配能够消除由于可观测因素带来的选择性偏误,但却无法解决与不可观测到的企业特征相联系的偏误。另外,匹配主要通过比较出口和非出口企业的生产率得到出口这一行为对生产率的影响,但本章关注的却是出口额。为此,我们将为企业出口额构建一个新的工具变量,并利用二阶段最小二乘法来克服可能出现的内生性问题。

本章的工具变量是根据外部需求冲击能够反映出口额波动的事实、以贸易伙伴国经济增长率为基础进行构建的。[①]已有研究中也有很多关于贸易额的工具变量,如 Frankel 和 Romer(1999)在考察国际贸易对经济增长的影响时,以国家间地理距离作为贸易额的工具变量;但是 Rodriguez 和 Rodrik(2000)认为他们的工具变量不能稳健和有效地解决内生性问题,原因在于地理距离不能完全排除通过贸易之外的其他渠道影响经济增长的可能。因此,后来的 Feyrer(2009a, 2009b)以及 Lin 和 Sim(2013)等构建了其他的工具变量来解决这个问题。然而这些工具变量都是建立在国家层面上,不随企业而变化,因此不容易用于微观企业样本的研究。在微观层面上,Park 等(2010)为出口额构建了企业特定汇率冲击的工具变量。但该工具变量依赖于亚洲金融危机这一特定事件的一次性影响,因此不随时间而变化,只能基于截面数据进行分析。与已有研究不同的是,本章构建的工具变量在企业和时间维度上都有波动。这使得我们能够利用面板数据的回归方法,设定企业和时间的固定效应,控制那些不随时间变化但却会同时影响出口额和生产率的企业特征,从而更为准确地估计出口额与生产率之间的因果关系。

此外,本章还基于"贸易引致学习"的视角,进一步考察了出口目的地的特征对生产率的影响。"贸易引致学习"的概念最先由 Chuang(1998)在研究贸易对经济增长影响时提出,Mendoza(2010)利用这一术语来概括国际贸易影响企业获得新知识、新技术的各种途径。根据研究目的,本章主要考察贸易伙伴国特征对于出口额与企业生产率之间关系的影响。由于探讨的是给定出口额、贸易伙伴国特征的影响,因而本章将据此回答出口目的地如何分布可以提高中国从贸易中获益水平的问题。

---

① 文中与贸易伙伴相联系的"国家"都是"国家(或地区)"的含义。

贸易伙伴国特征,特别是技术水平,可能是影响企业从出口中获益的重要因素。因为技术水平发达的贸易伙伴国使企业能接触到更多的新知识和新技术,从而有利于其生产率以更大幅度提高。事实上,很多内生经济增长模型已对这一点进行了证明。如 Grossman 和 Helpman (1991) 构建了一个模型论证了贸易伙伴的影响。模型中,有两个技术差异较大或创新速度不同国家,得到的结论是技术水平较为落后的国家能通过贸易实现技术进步。类似的结论也曾为 Chuang(1998) 所得到。De Loecker(2007) 在实证上首次利用微观企业的数据来考察不同出口目的地如何影响企业生产率的提高。他利用1994~2000年斯洛文尼亚制造业企业的数据论证了贸易伙伴国的重要性,得到的结论是向低收入国家出口的斯洛文尼亚的企业,生产率仅增长10%;但若向高收入国家出口,生产率将会提高20%。Goldberg 等(2008) 利用印度的企业数据、Verhoogen(2008) 利用墨西哥的数据也得到了同样的结论。本章的实证中,将借鉴 Park 等(2010) 的做法,用人均 GDP 作为贸易伙伴国技术水平的代理变量进行分析。

本章的实证结果表明,即使解决了内生性问题,出口仍然有利于生产率的提高,为"出口中学"的假说提供了更多的证据支持。此外,本章也发现,给定出口额的情况下,与中国发展水平相近的目的地技术水平越高,企业生产率提高的幅度也越大,即贸易伙伴国的技术水平在出口影响企业获益中起着非常重要的作用。

本章余下的结构安排为:第二部分介绍了相关的数据和关键变量的构建方法;第三部分给出了实证模型和估计方法;第四部分为估计的结果和稳健性检验。最后一部分是结论。

第二节 数据来源和变量定义

一、数据来源

同前面一样,本章使用的数据主要来源于"工业企业数据库"和"海关数据库"。工业企业数据库覆盖了历年全部国有工业企业和销售额在

500万元以上的非国有工业企业的样本,包括了企业产值、增加值、雇佣人数、固定资产、中间投入等指标,是估计本章被解释变量——生产率的数据来源。样本量大、信息丰富的优势,使该数据库在最近的研究中被广泛使用。但与此同时,学者们也注意到了数据库中存在很多问题,聂辉华等(2012)对这些问题进行了总结。Brandt等(2012)则给出了统一行业代码、处理真实资本等系列问题的方法。在估计生产率之前,本章按照Brandt等(2012)的做法,对企业代码、行业代码和真实资本进行了处理,并删掉了一些明显不合理的样本,如流动资产超过总资产、固定资产净值大于总资产、从业人数低于10人等。处理后,删掉了10672个观测对象,约为原始样本的0.6%。

海关数据库详细记录了每个进出口企业在HS八位码产品层面上的信息,包括进出口商品的价格、数量、贸易额。更为重要的是,从数据库中也能获得各企业不同商品出口的目的地、贸易方式等信息。根据统计,中国贸易伙伴国的数量几乎保持不变,样本起始年份的2000年为209个,样本结束年份的2006年为214个。单个企业同一年份贸易伙伴国的数量最多甚至达到了161个。企业出口商品种类也呈现较大的差异。样本中,平均每个企业出口18种商品,出口商品超过5种的企业占比大约为41.0%。

生产率的计算以及企业特征的控制变量主要依赖于工业企业数据库,而与出口有关的变量则来自海关数据库,因此这里需要将数据库进行合并。现有研究大都以企业名称作为匹配字段(如陈勇兵等,2012),主要是因为相对于企业其他信息而言,企业名称缺失值较少而且变化也较小,因而是最有效的匹配方式(Upward等,2013)。本章也按照这一做法,以企业名称作为公共字段名对两个数据库进行合并。合并后样本的时间跨度为2000~2006年,历年企业数占工业企业数据库中企业数的比重最低为9.7%,最高为16.5%;占海关数据库中企业数的比重最低为25.1%,最高为37.1%。基本估计中,本章保留考察期间内连续7年都有出口的企业平衡面板样本。

表7-1　工业企业数据库、海关数据库及合并后的企业数

	工业企业数据库	海关数据库	合并后
2000	160868	61900	15539
2001	169279	67360	19072
2002	179706	75431	21871
2003	195659	90664	26721
2004	275289	112823	41822
2005	270945	123437	44821
2006	300908	164822	47102

二、相关变量的定义

(一) 生产率

生产率一般被看做产出中除去资本和劳动贡献后的剩余,因而也称为全要素生产率(TFP),主要是通过对生产函数进行拟合得到。根据所使用数据的特征(即宏观和微观),对生产函数的估计有多种方法(见第四章的描述)。本章在基本回归中使用的TFP主要是根据OP半参数方法估计的结果。OP方法的基本思想是以投资作为不可观测到的生产率的代理变量进行估计,能有效克服同时性偏差(simultaneity bias)和样本选择性偏差(selectivity and attrition bias)等问题,是现有研究中使用企业微观数据估计生产率的常用方法之一(如聂辉华和贾瑞雪,2011;余淼杰,2011)。由于各行业生产技术存在较大差异,且准确的估计系数与样本量密切相关,因此,本章同样在2位行业代码基础上来估计生产率。

估计中,以工业增加值作为被解释变量,以从业人员年平均数衡量劳动投入量,①投资则根据数据库中的固定资产净值和折旧利用永续盘存法计算得到。通常来说,TFP应该仅仅反映企业真实的效率。然而,如果使用数据库中的名义量进行估计,得到的TFP很可能也包含了不同企

---

① 中国工业企业数据库中,2001年和2002年没有统计"从业人员年平均数"这一指标,本章用"全部职工"替代。尽管"全部职工"和"从业人员年平均数"有一定的差异,但从都有统计的2000年的数据来看,这两个指标的差异并不是很大。另外,去掉这两个年份观测值进行估计的结果不改变本章的基本结论。

业生产商品价格的异质性(De Loecker和Warzynski, 2012)。解决这一问题的最好方法是利用企业特定的价格指数来剔除价格在TFP中的体现(Foster等, 2007),但目前这一指数却无法获取。因此,本章同已有大多数文献一样(如De Loecker和Warzynski, 2012; Yu, 2014),用2位码行业的产品出厂价格指数对工业增加值进行平减。对资本和投资进行平减的难度较大,因为真实固定资产的计算应该用相应年份的价格指数进行平减,但数据库中固定资产净值是企业不同年份所购买的固定资产之和。对此,本章借鉴Brandt et al.(2012)的做法,利用行业固定资产投资增长率推算出企业从开业年份到进入样本年份之间每年的固定资产名义购买量,并以相应年份的固定资产投资价格指数进行平减得到真实资本存量和真实投资。

图7-1报告了用OP方法估计的生产率对数算术平均值和出口额对数算术平均值的历年变化趋势。从图中可以看出,中国企业平均生产率呈现明显的上升趋势,这与聂辉华和贾瑞雪(2011)发现中国各种所有制企业生产率都在稳步逐年提升的结论一致。2000~2006年期间,中国出口规模也在不断扩大。容易直观看出出口额与生产率之间的正相关关系。由于很多企业缺少投资的信息,一些研究倾向于利用以中间投入作为生产率冲击代理变量的LP方法。为了保证结论的可靠性,本章最后也将用LP和固定效应方法估计的生产率进行稳健性检验。

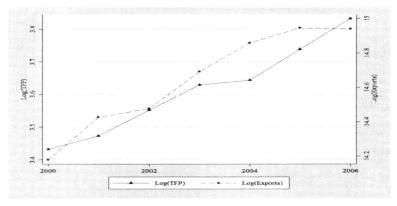

图7-1 2000~2006年的生产率和出口额

注:生产率为OP方法估计的生产率对数的算术平均值;出口为样本中所有企业出口额对数的算术平均值。

(二) 出口的工具变量

由于可能存在着不可观测的因素同时决定出口额和生产率,因而传统的计量方法难以确定两者之间的因果关系。但如果有一个外生冲击使出口企业面临着不同的需求水平,那么通过比较经历不同需求增长水平出口企业的生产率,可以容易确定出口额的影响。这正是本章构建工具变量的逻辑。因为经济增长率能够反映进口需求的变化,我们以出口目的地经济增长率作为企业出口的外生需求冲击。考虑到样本中有超过70%的企业出口目的地多于1个,出口目的地经济增长率将用企业出口到目的地的份额进行加权得到。计算公式为:

$$Shock_{ijt} = \sum_{j} \left(s_{ijt-1} GROWTH_{jt} \right) \quad (7.1)$$

其中,$GROWTH_{jt}$是基于国内生产总值GDP计算出来的t时期j国的经济增长率,本章用当期现价GDP的对数与上一期现价GDP的对数之差得到。在稳健性检验部分,本章也用不变价GDP计算增长率并构建工具变量进行了估计。各国GDP数据均来自世界银行的WDI数据库。

s_{ijt-1}为t-1时期出口到j国的贸易额在企业i的出口总额中所占比重。记$Export_{ijt-1}$为t-1时期i企业出口到j国的贸易额,则出口到j国所占份额为:

$$s_{ijt-1} = \frac{Export_{ijt-1}}{\sum_{j} Export_{ijt-1}} \quad (7.2)$$

如果企业i仅出口到1个国家,则s_{ijt-1}等于1;如果出口的目的地有多个,s_{ijt-1}的值将小于1,但有$\sum_{j} s_{ijt-1} = 1$。考虑到企业可能会根据贸易伙伴国的经济增长情况(表现为需求状况)调整其出口目的地的构成,本章也参考Topalova和Khandelwal(2011)的做法,以样本起始年份的出口份额作为权重构建工具变量进行稳健性检验。计算出口份额的数据全部来自海关数据库。

这一基于需求冲击构建的工具变量对单个企业来说可以看做是外生的,因为首先单个企业的行为不足以影响出口目的地的经济增长率;其次,回归中控制了企业和时间的固定效应,在一定程度上降低了工具变量通过除了出口以外的其他变量影响生产率的可能性;为了使这一工具变量满足外生性的条件更具说服力,本章也利用由Rigobon(2003)、Klein和Vella(2010)以及Lewbel(2012)提出的、基于异方差的识别技术进行了检验。①

(三) 其他控制变量

影响企业生产率的因素有很多。在估计中,根据已有研究(如Park等,2010),本章还控制了如下变量:(1)资本劳动比,以真实资本存量与从业人员年平均数之比的对数来度量。钱学锋和余戈(2014)发现,资本劳动比越高的企业生产率也越高,可能的原因是这些企业在生产中更多的依赖于机器设备和现代化技术;(2)企业规模,用销售收入的对数来反映。规模大的企业能利用更多规模经济带来的好处,因而生产率可能会更高。Biesebroeck(2005)的研究便证明了这一点;(3)出口强度,用出口与销售额之比衡量。Girma等(2004)研究表明,出口强度对企业生产率有显著为正的影响;(4)外资比重,根据注册资本中外商投资所占比重计算得到。很多学者探讨过中国不同所有制企业间的生产率差异(如Jefferson等,2000;Li等2007),并基本上都得到了外资企业生产率更高的结论。各主要变量的统计性质如表7-2所示。

表7-2 主要变量的统计性质

变量符号	含义	Mean	S.D	观测值
ln(TFP)	OP方法估计的生产率对数	3.614	1.083	37794
ln(Export)	出口额的对数	14.645	1.742	37794
KL	资本劳动比对数	3.757	1.371	37794
Size	销售额对数	10.895	1.321	37794
Ex_sale	出口与销售额之比	0.675	0.543	37794
Fshare	外资比重	0.659	0.391	37794
Shock	出口的工具变量	0.072	0.105	37794

---

① 检验步骤与检验结果见第四部分的第二段和表3的第4列。

第三节 模型构建和计量方法

对于出口额与生产率的关系,本章同 Bernard 和 Jensen(1999)及其他研究一样,构建以 TFP 的对数为被解释变量、以出口额的对数为解释变量、且包含其他控制变量的计量模型。即,

$$\ln(TFP_{it}) = C_0 + \beta \ln(Export_{it}) + \sum_k \gamma_k X_{it-1} + \mu_{1i} + \eta_{1t} + \varepsilon_{1it} \quad (7.3)$$

其中,i 代表企业,t 为时间;TFP 是估计的生产率;$Export$ 代表出口额;X 是上述提到的影响企业生产率的其他控制变量,包括资本劳动比(KL)、企业规模(Size)、出口强度(Ex_sale)、外资比重(Fshare)等。C_0 是常数项,μ_{1i} 为企业的固定效应,η_{1t} 是年份的固定效应,ε_{1it} 是均值为零的随机扰动项。

式(7.3)中,生产率和出口额都取了对数,根据定义,解释变量出口额前面的系数应该被解释为弹性,即出口增长 1%,生产率将变化 β%。然而,由于可能存在其他不可观测的因素同时影响出口额和生产率,以一般的 OLS 方法估计出来的 β 并不能反映出口和生产率之间的因果关系,因此本章以出口目的地 GDP 增长率作为出口额的工具变量、并利用面板数据的二阶段最小二乘法对式(7.3)进行估计。估计策略是首先考察工具变量对企业出口额的影响,即第一阶段的回归为:

$$\ln(Export_{it}) = \alpha_0 + \alpha_1 Shock_{it} + \sum_{k=2} \alpha_k X_{it} + \mu_{2i} + \eta_{2t} + \varepsilon_{2it} \quad (7.4)$$

一般而言,经济增长越快的国家,进口需求越多,以该国为贸易伙伴国的企业出口增长将会更快,因此预期 α_1 为正。在第二阶段的回归中,用式(7.4)中出口额对数值的拟合值代替式(7.3)中的出口额对数值进行估计,即:

$$\ln(TFP_{it}) = C_0 + \beta \ln(Export_{it}) + \sum_k \gamma_k X_{it} + \mu_{1i} + \eta_{1t} + \varepsilon_{1it} \quad (7.5)$$

如果出口目的地加权经济增长率是出口额的有效工具变量,则第二阶段出口额对数拟合值前的估计系数 β 便可以被解释为出口额对生产率的因果影响。

对于出口目的地的影响,本章同已有其他研究一样(如 Oster, 2012; Manova, 2013),通过在式(7.3)中加入出口额与所关注贸易策略的交互项进行考察,即:

$$\ln(TFP_{it}) = C_0 + \beta \ln(Export_{it}) + \beta_1 \ln(Export_{it}) \times PG + \sum_k \gamma_k X_{it} + \mu_{1i} + \eta_{1t} + \varepsilon_{1it} \quad (7.6)$$

其中,PG 为出口目的地的技术水平。当估计的 β_1 显著异于零时,意味着在出口额相同的情况下,企业从贸易中的获益随着相应贸易策略的不同而不同。对于式(7.6)的估计,同样采用面板数据的二阶段最小二乘方法。

第四节 估计结果

一、基本估计结果

首先考察出口额对生产率的影响。尽管由于遗漏变量等问题,OLS 估计结果不能被解释为出口额与生产率之间的因果关系,但却无疑是考察所关注变量关系的起点。利用 OLS 方法对式(7.3)估计的结果如表7-3第1~2列所示。其中,第1列是没有任何其他控制变量、仅用生产率对出口额进行回归的结果。这一最基本的回归系数为0.072,t值(括号内的值)显示了出口额与生产率之间的正相关关系显著。第2列是加入其他控制变量以及时间和企业固定效应的估计结果。估计系数显示,控制了更多变量后,生产率对出口额的弹性提高到了0.082,从而遗漏变量会导致估计结果有偏。

最后一列是面板数据二阶段最小二乘法的估计结果。但结果是否可信取决于所构建的出口目的地加权经济增长率这一工具变量的有效性。一般而言,有效的工具变量需要满足两个条件:其一是相关性,即工具变量要与内生变量高度相关;其二是外生性,即工具变量与随机误差不相关。表7-3第3列用内生变量(出口额)对工具变量(出口目的地加权经济增长率)进行最小二乘回归的结果表明,工具变量满足所需要的第一个条件。对于第二个条件,本章利用基于异方差的识别技术进行检验。①根据Lewbel(2012),如果用内生变量对模型中的其他控制变量和外生变量进行回归后的残差是异方差的,则该残差与去掉平均趋势后的外生变量的乘积将是内生变量的较好的工具变量。据此,我们首先用出口额对模型(7.3)的控制变量以及出口目的地加权经济增长率进行回归得到残差,Breusch-Pagan检验的结果显示P值等于0.00,因而拒绝残差是同方差的假设,可以用残差与除去平均值后的出口目的地加权经济增长率的乘积作为出口额的工具变量。其次,根据上述新的工具变量,对包含出口目的地加权经济增长率的模型(7.3)进行二阶段最小二乘回归(如表7-3第4列所示)。估计结果表明,不能拒绝出口目的地加权经济增长率的估计系数显著异于零的假设。因此,出口目的地的加权经济增长率对模型(7.3)来说是外生的。此外,二阶段最小二乘法的F统计量远远超过了Staiger和Stock(1997)提出的临界值(10),因而可以拒绝弱工具变量的假设。这些检验都表明本章所构建的出口目的地加权经济增长率这一工具变量是有效的。

根据面板数据二阶段最小二乘的估计结果(表7-3第5列),出口额增加能显著提高中国企业的生产率。第二阶段的估计系数显示,生产率对出口额的弹性为0.224,即出口额增加1%,平均生产率将增加0.224%。这一估计系数意味着出口的生产率效应事实上是非常大的。2000~2006年期间,中国企业平均生产率增加了40%(OP方法估计),平均出口额增加了76%,即出口对生产率提高的贡献率为42.6%。②已有研究总结了出口影响企业生产率的途径,包括国外购买者能为出口商提供技术援助(Grossman和Helpman,1991;Evenson和Westphal,1995)、更广阔的市场能让出口商获得更多关于先进生产技术的知识(Clerides等,1998)、更激烈的竞争使企业对于新产品和市场需求更为敏感(Fafchamps等,2008)等。这些途径同样也可以解释出口额对生产率的正向影响。例如,为提高生产率的技术投资可能需要一次性投入大笔资金,从而企业可能会等到出口达到一定规模再进行这样的投资。

---

① 对这一识别技术合理性的详细证明过程请参考Lewbel(2012)。
② 根据估计系数,出口将使生产率提高0.224×0.76=0.17024。因此,出口对考察期间生产率提高的贡献率为0.17024/0.4=42.6%。

表7-3 基本估计结果

被解释变量	OP方法估计的TFP				
	（1）	（2）	（3）	（4）	（5）
估计方法	OLS	OLS	OLS	2SLS	2SLS
ln(Export)	0.072***	0.082***		0.169***	0.224***
	(22.50)	(14.66)		(8.46)	(8.06)
Shock				0.082	
				(1.64)	
control variables	no	yes		yes	yes
firm fixed effect	no	yes		yes	yes
year fixed effect	no	yes		yes	yes
observations	37794	37794		37794	37794
			First stage for export		
Shock			1.479***		1.478***
			(33.94)		(31.04)
control variables			yes		yes
firm fixed effect			yes		yes
year fixed effect			yes		yes
R^2	0.013	0.116	0.279	0.058	0.163
F值					963.71
observations			37794		37794

注：括号内为t值。*、**、***分别表示在10%、5%、1%的水平上显著。其中，第1列是生产率仅对出口额进行回归的结果。第2列是在第1列基础上加入了其他控制变量以及时间和企业固定效应的估计结果。第3列用出口额对工具变量以及其他控制变量（包括资本劳动比、企业规模、出口强度和外资比重）回归，以检验内生变量和工具变量之间的相关性；第4列是基于异方差识别技术的第二步回归结果，主要是检验工具变量是否满足外生性假设；第5列是平衡面板数据的二阶段最小二乘估计结果。包含时间和企业固定效应估计结果的R^2均为组内值。

二、出口目的地的影响

前一部分已经发现了出口额的增加能提高企业的生产率,但仅仅根据这个结论并不能获知出口企业如何变得更为有效的信息。如果企业能在与国外市场上的买方和竞争者接触过程中获取知识和技术,那么可以预期,出口额相等的情况下,出口目的地技术水平越高,企业生产率的增长也越快。通过引入企业层面出口目的地的信息,这一部分将对此进行检验。借鉴 Park 等(2010)的做法,利用人均 GDP 作为出口目的地技术水平的代理指标,即记作式(7.6)中的 PG。同构建出口额工具变量指标一样,由于大多数企业的出口目的地超过 1 个,出口目的地的人均 GDP 根据企业所有贸易伙伴人均 GDP 的加权平均得到,权重仍然为目的地所占的出口份额。

基于总体样本,利用面板数据二阶段最小二乘法对式(7.6)进行估计的结果如表 7-4 第 1 列所示。交互项前面的估计系数为正,并在 5% 的水平上显著。因而,估计结果似乎支持上述预测,即给定出口额的情况下,出口目的地技术越发达,企业获益越大。但利用加权人均 GDP 作为出口目的地技术水平的代理变量存在一定问题。例如,出口目的地是一个高收入国家和一个低收入国家,当低收入国家所占份额较大时,加权后的人均 GDP 可能会低于出口目的地仅为一个中等收入国家的水平,但企业很可能从前者获益更多。为避免这种情况发生,我们根据 De Locker (2007),按照目的地所在的洲,将贸易伙伴国分为高收入、中等收入和低收入三类,[①]并保留同一年份仅出口到高收入国家、或仅出口到中等收入国家或仅出口到低收入国家的企业样本进行回归,结果如表 7-4 的第 2 列所示。[②]交互项的估计系数仍然显著为正,大小与第 1 列的结果相同。

第 3~5 列是依次用同一年份所有贸易伙伴仅为低收入、或仅为高收入、或仅为中等收入国家样本进行回归的结果。以相同年份贸易伙伴国仅为中等收入国家的样本进行回归时,交互项系数仍然显著为正;但以

[①] 即北美洲、欧洲的国家划归为高收入国家的行列。大洋洲和亚洲国家属于中等收入。南美洲和非洲的国家为低收入的行列。
[②] 由于保留相同年份仅出口到高收入国家或仅出口到低收入国家的企业时,样本量太少,因此,这里用非平衡面板进行估计。

同一年份仅出口到低收入或仅出口到高收入国家的样本进行回归,交互项的系数却变得不显著了。也即出口额相同时,只有与中国发展水平相近的目的地技术水平越高,企业才获益越多。可以注意到,相同年份仅出口到低收入或高收入国家的观测值较仅出口到中等收入国家的观测值少很多,出现不显著的结果可能是由于对高、中、低收入国家划分标准不当导致的。为此,我们根据世界银行的划分标准,利用人均GNP对出口目的地重新分类,[①]同样分别利用相同年份仅出口到低、高、中等收入国家样本进行回归,结果如表7-5所示。根据估计结果,尽管国家分类标准发生了变化,使相同年份仅出口到高收入国家的样本量上升了很多,而相同年份仅出口到中等收入国家的样本量变得比较小,但仍只有在出口到中等收入国家的样本中,交互项的估计系数才显著为正。因此,表7-4后3列的结果与划分国家的标准无关。低收入国家样本回归的不显著结果很容易理解,而高收入国家样本回归的不显著结果则可由"技术兼容性"(technological compatibility)进行解释(Carluccio和Fally,2013),即越发达国家技术水平越高,企业通过出口即使学到了,在中国现有条件下也可能无法投入使用,从而对其生产率提高的帮助并不大。

表7-4 出口目的地技术水平的影响

被解释变量	OP方法估计的TFP				
	(1)	(2)	(3)	(4)	(5)
ln(Export)	0.168***	0.135***	0.330	-0.055	0.144**
	(4.94)	(3.80)	(0.41)	(-0.30)	(2.02)
ln(Export)×PG	0.003**	0.003*	0.077	-0.000	0.013***
	(1.98)	(1.82)	(0,86)	(-0.04)	(3.74)
control variables	yes	yes	yes	yes	yes
firm fixed effect	yes	yes	yes	yes	yes

---

① 世界银行关于高、中、低收入国家人均GNP的临界值每年都有调整,但调整幅度并不是很大。为此,这里我们主要以2002年的临界值进行划分,即将人均GNP高于9076美元的归为高收入国家,人均GNP在736~9076美元之间的归为中等收入国家,人均GNP低于736美元的归为低收入国家。

year fixed effect	yes	yes	yes	yes	yes
R^2	0.049	0.014	0.044	0.002	
observations	31687	60412	252	3771	23408
	First stage for export				
Shock	5.691***	3.592***	5.257	0.16	6.465***
	(6.24)	(4.49)	(1.37)	(0.06)	(5.71)
Shock×PG	-0.421***	-0.236***	-0.610***	0.112	-0.580***
	(-4.70)	(-3.00)	(-1.29)	(0.43)	(-5.23)
control variables	yes	yes	yes	yes	yes
firm fixed effect	yes	yes	yes	yes	yes
year fixed effect	yes	yes	yes	yes	yes
R^2	0.164	0.046	0.045	0.029	0.027
F 值	483.76	286.99	1.08	11.71	45.44
observations	31687	60412	252	3771	23408

注：括号内为 t 值。*、**、***分别表示在 10%、5%、1%的水平上显著。第 1 列使用的样本是全部企业的平衡面板；第 2 列是同一年份仅出口到高收入国家、仅出口到中等收入国家和仅出口到低收入国家的非平衡面板；第 3~5 列分别是仅保留相同年份出口到低收入国家、高收入国家和中等收入国家非平衡面板。控制变量包括资本劳动比、企业规模、出口强度和外资比重。估计方法都为面板数据的二阶段最小二乘法。R^2为组内值。

表 7-5 出口目的地技术水平的影响（世界银行划分标准）

被解释变量	OP 方法估计的 TFP		
	（1）	（2）	（3）
ln(Export)	-0.092	0.382	-0.103
	(-0.40)	(1.37)	(-0.33)
ln(Export)×PG	0.020	0.001	0.061**
	(1.22)	(0.11)	(2.13)
control variables	yes	yes	yes
firm fixed effect	yes	yes	yes
year fixed effect	yes	yes	yes

observations	283	28370	352
		First stage for export	
Shock	18.093*	-7.212***	12.321**
	(1.89)	(-2.65)	(2.07)
Shock×PG	20.358**	41.441***	8.093
	(2.10)	(13.05)	(1.27)
control variables	yes	yes	yes
firm fixed effect	yes	yes	yes
year fixed effect	yes	yes	yes
R^2	0.063	0.024	0.034
F值	7.64	43.91	5.42
observations	283	28370	352

注：括号内为t值。*、**、***分别表示在10%、5%、1%的水平上显著。第1~3列估计中使用的样本分别是相同年份仅出口到低收入国家、高收入国家和中等收入国家的非平衡面板。控制变量包括资本劳动比、企业规模、出口强度和外资比重。估计方法都为面板数据的二阶段最小二乘法。R^2为组内值。

三、稳健性检验

前面部分发现，出口额增加会显著提高企业的生产率；且出口额相同的情况下，目的地技术水平越高（给定贸易伙伴发展水平与中国相近），越有利于企业生产率提高。为考察这些结论的可靠性，我们进行了如下的稳健性检验：

使用不同方法估计作为被解释变量的生产率。由于很多企业没有报告投资的信息，这里也用现有文献中常用的LP方法来估计生产率并对基本结果进行检验。同时考虑到OLS是估计生产率的最原始、最基本的方法，我们也用这种方法估计了作为被解释变量的生产率。工具变量方法估计的结果报告在表7-6的第1~4列。估计结果表明，不管以哪种方法估计生产率，各关注变量估计系数的符号都与基本结果保持一致，且都至少在10%的水平上显著。因而，前文的估计结果不会随着生产率估计方法的变化而变化。

表7-6　稳健性检验1

样本	平衡面板			
被解释变量	OLS方法估计的TFP		LP方法估计的TFP	
	（1）	（2）	（3）	（4）
ln(Export)	0.199***	0.109	0.235***	0.104
	(7.50)	(1.63)	(9.01)	(1.54)
ln(Export)×PG		0.011***		0.014***
		(3.34)		(4.19)
R^2	0.063	0.027	0.120	0.004
observations	37794	23408	37794	23408

注：括号内为t值。*、**、***分别表示在10%、5%、1%的水平上显著。第1~3列依次为用非平衡面板数据重新估计的上述除目的地影响外的结果；第4~7列依次为用OLS估计的TFP作为被解释变量重新估计的上述四部分结果；第8~11列依次为用LP方法估计的TFP作为被解释变量重新估计的上述四部分结果；各列在估计中都包含了资本劳动比、企业规模、出口强度和外资比重的控制变量以及时间、企业的固定效应。估计方法都为二阶段最小二乘法。这里报告的是第二阶段的估计结果。R^2为组内值。

分别以不变权重和不变价GDP增长率构建工具变量。基本回归中的工具变量是以滞后一期的出口权重和现价GDP计算的增长率进行构建的。由于出口权重可能会出现内生的情况，即企业倾向于出口到增长速度较快的国家，因此，这里借鉴Topalova & Khandelwal(2011)的做法，以样本起始年份的出口份额作为权重构建出口额的工具变量。另外，考虑到以现价GDP计算增长率没有剔除各国通货膨胀率差异的影响，我们也以不变价GDP构建了工具变量进行回归。以不同方法构建工具变量进行回归的结果如表7-7所示。根据估计结果，出口额、出口额与目的地收入水平交互项的估计系数符号也都与基本估计结果相同，同时都至少在10%的水平上显著。以不变价GDP增长率构建工具变量的回归结果中，出口额、出口额与目的地收入水平交互项的估计系数符号及显著水平也都与基本结果相同。从而，构建工具变量方法变化也不会影响基本估计结果得到的结论。

表 7-7　稳健性检验 2

工具变量构建方法	以不变权重构建		以不变价GDP增长率构建	
被解释变量	OP方法估计的TFP			
	（1）	（2）	（3）	（4）
ln(Export)	0.203***	0.208	0.356***	0.486*
	(6.38)	(1.63)	(7.24)	(1.78)
ln(Export)×PG		0.014**		0.005**
		(2.65)		(2.10)
R^2	0.050	0.021	0.056	0.018
observations	37794	23408	37794	23408

注：括号内为t值。*、**、***分别表示在10%、5%、1%的水平上显著。第1~4列依次以不变权重构建工具变量重新估计的结果；第5~8列依次为以不变价GDP增长率构建工具变量重新估计的结果；各列在估计中都包含了资本劳动比、企业规模、出口强度和外资比重的控制变量以及时间、企业的固定效应。估计方法都为二阶段最小二乘法。这里报告的是第二阶段估计结果。R^2为组内值。

第五节　本章小结

本章主要回答中国出口目的市场如何调整，从而增加从出口中获益程度的问题。基于"贸易引致学习"的视角，以生产率提高作为获益的代理指标，以出口目的地加权经济增长率作为出口额的工具变量，以2000~2006年合并的中国工业企业数据库和海关数据库为样本，通过利用面板数据的二阶段最小二乘的估计方法考察出口额对生产率的影响及出口目的地的技术水平在出口额与生产率关系中的作用对此进行回答。

本章的估计结果表明，出口额增加有利于企业生产率的提高，为"出口中学"的假说提供了更多的经验证据。此外，本章也发现，出口额对生产率的影响与出口目的地的技术水平密切相关。具体来说，给定出口额的情况下，当企业出口到与中国发展水平相近的国家时，目的地技术水平越高，企业的生产率增长越快。这一结果对于用不同方法估计的生产率、用不同方法构建的工具变量都成立。根据估计结果,本章对于中国调整出口目的市场分布的建议是,大力开拓新兴国家市场。尽管早在2000年中国便提出"出口市场多元化"的战略,但目前中国的出口市场仍然集中在发达国家。开拓新兴国家市场,一方面可以避免由于发达国家的贸易保护主义而使出口出现大幅下滑,另一方面,还可以使本国企业生产率增长更快,因而从贸易中获益更多。

第八章 主要结论及政策含义

第一节 主要结论

本书基于中国工业企业调查数据、中国工业企业普查数据、中国海关数据和投入产出表,创造性地利用已有研究中衡量集聚的指标,对近些年来中国出口的国内集聚、目的地集聚和双重集聚情况进行了细致的经验性描述。根据理论研究和计量分析相结合的方法对中国出口在国内集聚和目的地集聚的形成机制、以及出口国内集聚和目的地集聚相互作用导致双重集聚出现的内在机理进行了深入探讨。为得到政策调整的方向,最后也考察了出口目的地特征对企业技术升级的影响。研究的主要结论如下:

一、中国出口不仅存在国内集聚、目的地集聚,还呈现双重集聚的特征

利用衡量集聚程度的集中率指标,结合中国统计局中省市出口的数据和 WITS 数据的研究结果表明,2001~2012 年期间,在中国 32 个省市中,前五大省市出口在中国总出口中所占比重平均达到了 75.39%,表现出较高的国内集聚程度。在 200 多个贸易伙伴中,前 10 大出口目的地所占比重平均为 66.14%,表现出较高的出口目的地集聚程度。根据中国海关数据库的分析结果表明,2000~2006 年期间,中国出口前五大省市的前十大出口目的地在这五大省市总出口中占比的平均值为 72.04%,从而中国出口也呈现出双重集聚的特征。分贸易方式、所有制和行业来看,加工贸易、一般贸易、国有企业、私营企业、外资企业和各行业的出口也都呈现出较高的国内集聚、目的地集聚和双重集聚的特征。

二、集聚提高了生产率,从而有利于企业出口,使得出口在国内集聚,即集聚的外部性导致了出口的国内集聚

新新贸易理论表明,由于出口之前需要支付一笔不可收回的固定成本,所以只有生产率超过某个临界点时才选择出口。利用中国工业企业调查数据和工业企业普查数据,分别基于EG指数、企业数量和企业平均规模构建两套衡量集聚的指标,利用直接估计和间接估计两种方法的研究结果发现,不管是本行业集聚,还是上、下游行业集聚,都对生产率有显著为正的影响,从而出口国内集聚可以归因于集聚的外部性。此外通过在模型中加入集聚与企业规模的交互项,本书发现上、下游行业集聚对规模较小企业生产率的影响更大。利用企业数量和企业平均规模构建集聚指标的估计结果发现,大量小企业集聚对生产率的影响低于少数大企业集聚的影响。

三、出口到特定目的地企业越多,该地区其他企业也越倾向于出口到该目的地,即出口溢出效应导致出口目的地集聚和双重集聚

利用2000~2005年匹配的中国工业企业数据库和海关数据库,以企业数量为基础构建衡量溢出大小指标的估计结果发现,不管将地区范围限定在省、市还是县的水平上,地区出口到特定国家的企业越多,该地区其他企业出口到该国的概率越大。出口溢出效应不管是在国有企业、私营企业还是外资企业的样本中,都十分显著。此外,我们也构建了企业-出口商品-目的地层面的出口集聚指标,估计结果发现,某地区出口特定商品到特定目的地的企业越多,该地区的其他企业越倾向于出口该商品到该目的地,且该地区的其他企业也将更多地向相同目的地出口相同的商品。出口集聚的溢出效应在相同商品和相同目的地的企业间最大,而在不同商品和不同目的地企业间最小。此外,出口集聚对小企业开始出口的影响大于对大企业的影响,对多产品企业的影响大于对单产品企业的影响;而从出口规模方面来看,出口集聚对大企业的影响大于对小企业的影响,对单产品的影响大于对多产品的影响;最后,出口集聚的溢出效应呈现随着距离增加而下降的特征:出口集聚对相同市中企业开始出

口和出口规模的影响最大,其次是对同省其他市企业出口绩效的影响,受到影响最小的是位于其他省份的企业。

四、出口到与中国发展阶段相近的目的地,目的地技术水平越高,企业获益越多

实证研究中,经常通过"出口学习效应"来检验出口的获益情况。本书借鉴已有研究的做法,以目的地人均GDP作为出口目的地技术水平的代理指标,以生产率作为企业技术水平的代理变量,在模型中将目的地技术水平和出口额的交互项来体现出口目的地的影响。为避免可能出现的内生性问题,用出口目的地加权经济增长率作为出口额的工具变量,面板数据二阶段最小二乘法的估计结果表明,只有出口到中等收入国家(与中国发展阶段相似),目的地技术水平越高,才越有利于中国出口企业技术水平的提高。

第二节 政策含义

本书对中国工业出口国内集聚、目的地集聚和双重集聚现象的经验性描述和形成机制的检验表明,集聚的外部性导致了出口的国内集聚,而出口溢出效应引起了出口在目的地集聚和双重集聚,企业从出口到处于相同发展阶段的高收入水平目的地获益更多。换言之,经济集聚决定了出口的国内区位分布,出口的国内区位分布影响着出口目的地的分布形态,而出口目的地分布形态是出口企业技术升级的决定因素。这些发现对于理解中国出口目的市场集中,优化对外贸易结构,提高中国制造业在世界上的地位,保证经济平稳运行具有重要意义。从政策含义上讲,主要有以下几点:

一、重视集聚的外部性在促进出口中的影响

在30多年的改革开放过程中,中国对外贸易迅猛发展,货物贸易于2013年超过美国,跃居世界第一。然而,近年来,国内外经济环境的变

化,使出口的持续增长面临着较大的压力。从国际形势来看,中国出口持续快速的扩张引起了不少国家的"指责","中国威胁论"大行其道,针对中国的贸易制裁案件迅速增长。截至2011年,中国已经连续17年成为全球遭受反倾销贸易调查最多的国家,连续6年成为全球遭受反补贴调查最多的国家(商务部,2012)。从国内经济来看,随着经济发展、人口老龄化以及农民工市民化,中国劳动力从无限供给,变成了供求总量基本平衡,但结构性矛盾逐渐显现,普通工人供给出现了"招工难"和工资快速上涨现象。此外,资源环境的压力、人民币升值等种种因素也成为中国对外贸易持续增长的阻力。本书的研究表明,集聚能够提高企业生产率、有利于出口。因而,在传统优势不断丧失的背景下,可以通过积极发挥集聚正向外部性的作用,以保证中国出口持续平稳的增长。

二、发挥中小企业在推动中国出口市场多元化中的作用

企业是推进出口市场多元化的主体。企业的出口意愿、出口能力,在很大程度上决定着出口市场多元化战略的推进情况。目前,中国已形成一批有实力的大中型国有企业,他们在密切配合中央战略、抵御出口和对外投资风险、提高与国外公司谈判能力方面,具有较大的优势。比如,中国石油、中国石化等大型国有企业在实施"走出去"战略方面成效明显,它们在对一些发展中国家和地区进行直接投资的同时,也带动了国内产品向这些国家和地区出口。同时,中国一些大型金融企业,比如四大国有商业银行,也加快了在国外开设分支机构的步伐。这为企业出口提供更加便利的金融服务准备了良好的条件。但要开拓广大的国际市场,仅靠少数大型国有企业是远远不够的,中小企业是开拓国际市场、推进出口市场多元化的主要力量。然而,中小企业自身实力薄弱,在资金信贷、收汇安全、客户资信调查等方面力量不足,中国在信贷、外汇、保险等方面的政策支持又偏向大型企业,使得中小企业在开拓国际市场的能力受到限制。因此,应该完善政策体系,加大对中小企业的扶持力度。在金融、保险、信息等方面为中小企业提供更多的服务,同时鼓励中小企业强强联合,提高抵御风险的能力。

三、通过对出口企业在国内地理分布上进行引导,以实现出口市场多元化的目的

在引导出口企业在国内地理布局中,要注意调和经济集聚所能获得的收益与引起出口市场集中导致经济风险之间的矛盾。因为 Long 和 Zhang(2011)发现经济集聚是中国在金融制度不完善、金融市场不发达情况下实现快速工业化的重要保障,胡翠和谢世清(2014)也论证了经济集聚是中国制造业企业竞争优势的重要来源,并认为其将成为传统低成本优势丧失后继续维持制造业企业国际竞争力的重要支撑。因此,政策的制定不能仅为了降低出口市场集中风险而使企业地理布局过于分散,也要考虑到一定程度的集聚所能获得的收益。

四、引导出口向新兴市场国家转移,以帮助中国企业从出口中获益更多或实现在全球价值链上的升级

尽管以传统指标衡量的中国出口规模很大,但在全球网络生产中,中国却处于价值链的中低端,出口创造的增加值非常有限(Koopman,Wang 和 Wei,2012)。其中一个重要原因是,中国大多数贸易伙伴国是制度完善、技术发达的西方国家,容易被"锁定"在价值链低端(许南和李建军,2012)。本书的研究表明,出口到与中国发展阶段相近的国家能获益更大。从而,大力开拓新兴市场是改变这一现状的途径之一。中国的地区差异显著,有些地区在与新兴市场国家的分工中具有明显优势。因此,可以首先引导一部分出口企业在这些地区投资,通过出口溢出效应,带动越来越多的企业与新兴市场国家进行分工协作,掌握主动权,改变被"锁定"的现状,实现在全球价值链上的攀升。但同时需要注意的是,开拓的新兴市场国家,存在许多不稳定、不规范的因素,为企业开拓这些国家的市场增加了难度。比如,中东、拉美许多国家法制不健全,市场秩序不规范,信用体系不完善,金融、保险、运输、外汇等方面的服务水平较低,贸易和投资环境较差,导致企业到这些地方进行贸易和投资风险比较大。为了避免由于这些原因导致企业不愿意向新兴市场国家出口,可以在与新兴市场国家分工中具有明显优势的地区实施相应的鼓励优惠措施。

参考文献

陈建军、陈国亮、黄洁:《新经济地理学视角下的生产性服务业集聚及其影响因素研究》,2009年第4期。

陈勇兵、李燕、周世民:《中国企业出口持续时间及其决定因素》,《经济研究》,2012年第7期。

程大中、黄雯:《中国服务业的区位分布与地区专业化》,《财贸经济》,2005年第7期。

范剑勇、石灵云:《产业外部性、企业竞争环境与劳动生产率》,《管理世界》,2009年第8期。

范剑勇:《产业集聚与地区间劳动生产率差异》,《经济研究》,2006年第11期。

胡翠、谢世清:《中国制造业企业集聚的行业间垂直溢出效应研究》,《世界经济》,2014年第9期。

华晓红:《我国出口市场多元化战略的发展与调整》,《经贸观察》,2015年第1期。

李春顶、石晓军、邢春冰:《"出口-生产率悖论":对中国经验的进一步考察》,《经济学动态》,2010年第8期。

李春顶:《中国出口企业是否存在"生产率悖论"》,《世界经济》2010年第7期。

刘世锦:《中国产业集群发展报告》,中国发展出版社,2008年版。

隆国强:《中国比较优势的变化与出口战略的调整》,《国务院发展研究中心调研报告》,2013年第88号。

鲁晓东、连玉君:《中国工业企业全要素生产率估计:1999-2007》,《经济学(季刊)》,2012年第11卷第2期。

陆毅、李东娅、方琦璐、陈熹:《产业集聚与企业规模——来自中国的证据》,《管理世界》,2010年第8期。

路江涌、陶志刚:《中国制造业区域集聚及国际比较》,《经济研究》,2006年第3期。

聂辉华、贾瑞雪:《中国制造业企业生产率与资源误置》,《世界经济》,2011年第7期。

聂辉华、江艇、杨汝岱:《中国工业企业数据库的使用现状和潜在问题》,《世界经济》,2012年第5期。

裴长洪、谢谦:《集聚、组织创新与外包模式——我国现代服务业发展的理论视角》,《财贸经济》,2009年第7期。

彭向、蒋传海,2007:《产业集聚、知识溢出与地区创新》,《经济学(季刊)》2007年第3期。

钱学锋、王胜、黄云湖、王菊蓉:《进口种类与中国制造业全要素生产率》,《世界经济》,2011年第5期。

钱学锋、熊平:《中国出口增长的二元边际及其因素决定》,《经济研究》,2010年第1期。

钱学锋、余戈:《出口市场多元化与企业生产率》,《世界经济》,2014年第2期。

茹乐峰、苗长虹、王海江:《我国中心城市金融集聚水平与空间格局研究》,2014年第2期。

孙灵燕、李荣林:《融资约束限制中国企业出口参与吗》,《经济学(季刊)》,2011年第11卷第1期。

王丽丽、范爱军:《空间集聚与全要素生产率增长——基于门限模型的非线性关联研究》,《财贸经济》2009年第12期。

王争、史晋川:《中国私营企业的生产率表现和投资效率》,《经济研究》,2008年第1期。

吴延兵:《R&D与生产率》,《经济研究》,2006年第11期。

许南、李建军:《产品内分工、产业转移与中国产业结构升级》,《管理世界》,2012年第1期。

杨长湧:《我国出口市场多元化战略的现状、影响及对策》,《宏观经济研究》,2010年第10期。

于洪霞、龚六堂、陈玉宇:《出口固定成本融资约束与企业出口行为》,《经济研究》,2011年第4期。

余淼杰:《加工贸易、企业生产率和关税减免》,《经济学(季刊)》,2011年第10卷第4期。

张海峰、姚先国:《经济集聚、外部性与企业劳动生产率——来自浙江省的证据》,《管理世界》,2010年第12期。

张杰、刘志彪、郑江淮:《产业链定位、分工与集聚如何影响企业创新》,《中国工业经济》,2007年第7期。

Aitken, B., Hanson, G.H., & Harrison, A.E.(1997). Spillovers, foreign investment, and export behavior. *Journal of International Economics*, 43 (1-2), pp.103-132.

Alvarez, R., & Lopez, R. (2005). Exporting and Performance: Evidence from Chilean Plants. *Canadian Journal of Economics*, Vol.38(4), pp.1384-1400.

Amiti, M., & Freund, C. (2010). The Anatomy of China's Export Growth. In Feenstra R.C., and S.J.Wei, eds., China's Growing Role in World Trade, University of Chicago Press.

Arnold, J.M., & Hussinger, K. (2005). Export Behavior and Firm Productivity in German Manufacturing. A Firm-level Analysis. *Review of World Economics*, 141(2), pp.219-243.

Aw.B.Y., Chung, S. & Roberts, M.J. (2000). Productivity and Turnover in the Export Market: Micro-level Evidence from the Republic of Korea and Taiwan(China). *The World Bank Economic Review*, 14(1), pp.65-90.

Bai, C.E., Duan, Y.J., Tao, Z.G., & Tong, S.T.(2004). Local Protectionism and Regional Specialization: Evidence from China's Industries. *Journal of International Economics*, 63(2), pp.397-417.

Baldwin, R., &Martin, P. (2003). Agglomeration and Regional Growth. In Handbook of Regional and Urban Economics: Cities and Geography. Ed.

V. Henderson & Thisse, J.F. Amsterdam: North-Holland.

Baldwin, R., & Okubo, T. (2006).Heterogeneous Firms, Agglomeration and Economic Geography: Spatial Selection and Sorting. *Journal of Economic Geography*, 6(3), pp.323-346.

Baliamoune-Lutz,M.(2011). Growth by Destination(Where you Export Matters): Trade with China and Growth in African Countries. *African Development Review*, 23(2), pp.202-218.

Barrios, S.,Gorg, H. ,& Strobl, E.(2003). Explaining firm's export behavior: R&D, spillovers and the destination market. *Oxford Bulletin of Economics and Statistics*, 65(4), pp.475-496.

Batisse, C. (2002).Dynamic Externalities and Local Growth: A Panel Data Analysis Applied to Chinese Province. *China Economic Review*, 13(2), pp.231-251.

Bernard, A. ,& Jensen, J.B.(1999). Exceptional exporter performance: Cause, effect or both? . *Journal of International Economics*, 47, pp.1-25.

Bernard, A.B., & Jensen, J.B.(2004). Why do firms export. *The Review of Economics and Statistics*, 86(2),pp.561-569.

Bernard, A.B., & Jensen, J.B. (1995). Exporters, Jobs, and Wages in U.S. Manufacturing: 1976-1987. *Brookings Papers on Economic Activity: Microeconomics*, pp.67-119.

Bernard, A.B., Jensen, J.B., Redding, S.J., & Schott, P.K. (2007).Firms in International Trade.*Journal of Economic Perspectives*,21(3), pp.105-130.

Berthou, A., & Fontagne, L. (2013).How Do Muti-Product Exporters React to A Change in Trade Cost? *The Scandinavian Journal of Economics*, 115(2), pp.326-353.

Biesebroeck,J.V.(2005).Firm Size Matters: Growth and Productivity in African Manufacturing. *Economic Development and Cultural Change*,53, pp.545-583.

Bloom, N., Lemos, R., Sadun, R., Scur, D., & Van Reenen, J. (2014).The New Empirical Economics of Management. *NBER Working Paper* No. 20102

Brandt, L., J.V. Biesebroeck, & Zhang, Y.F. (2012). Creative Accounting or Creative Destruction? Firm-level Productivity Growth in Chinese Manufacturing. *Journal of Development Economics*, 97(2), pp.339-351.

Broda, C., & Weinstein, D. (2006a). Globalization and the Gain From Variety. *Quarterly Journal of Economies* ,121(2), pp.541-585.

Cai, H.B., & Liu, Q. (2009).Does Competition Encourage Unethical Behavior? The Case of Corporate Profit Hiding in China. *Economic Journal*, 119, pp.764-795.

Cainelli, G. ,& Iacobucci, D.(2011).Agglomeration, Related Variety and Vertical Integration. Working Paper.

Cainelli, G., & Iacobucci, D. (2012).Agglomeration, Related Variety and Vertical Integration. *Economic Geography*,88(3), pp.255-277.

Carluccio, J., & Fally,T.(2013).Foreign Entry and Spillovers with Technological Incompatibilities in the Supply Chain. *Journal of International Economics*, 90, pp.123-135.

Casaburi, L., & Minerva, G. A.(2011).Production in Advance Versus Production in Order: The Role of Downstream Spatial Clustering and Product Differentiation. *Journal of Urban Economies*,70(1), pp.32-46.

Cassey,A.J., & Schmeiser,K.N.(2013). The Agglomeration of Exporters by Destination, *The Annals of Regional Science*. 51(2) , pp.495-513.

Chen, B.,& Feng, Y. (2000).Determinants of Economic Growth in China: Private Enterprise, Education, and Openness." *China Economic Review*, 11, pp.1-15.

Chen, B.(2013).Trade Variety and Productivity in Canada. *Review of Development Economics*,17(3), pp.414-429.

Chuang, Y.(1998). Learning by doing, the Technology Gap, and Growth. *International Economic Review*, 39(3), pp.697-721.

Ciccone, A., & Hall, R. (1996).Productivity and the Density of Economic Activity. *American Economic Review*,86, pp.54-70.

Cingano, F., & Puga, D.(2004). Identifying the Sources of Local Productivity Growth. *Journal of the European Economic Association*, 2, pp.720-742.

Clerides, S. K., Lach, S., & Tybout, J. (1998). Is Learning by Exporting Important? Micro-Dynamic Evidence from Colombia, Mexico, and Morocco. *Quarterly Journal of Economics*, 113(3), pp.903-947.

Cohen, J.P. ,& Paul, J.M. (2011).Spatial and Supply/Demand Agglomeration Economics: An Evaluation of State- and Industry-Linkages in the U.S. Food System. Working Paper.

Cohen, W. M.,& Levinthal, D. A.(1989). Innovation and Learning: The Two Faces of R & D. *The Economic Journal*, 99(397), pp.569-596.

Crespi, G., Criscuolo, C. & Haskel, J.(2006).Productivity, Exporting and the Learning-by-Exporting Hypothesis: Direct Evidence from UK Firms, *University of London Working Paper*, No.559.

Davis, D., & Weinstein, D.E. (1999).Economic Geography and Regional Production Structure: An Empirical Investigation. *European Economic Review*, 43,379-407.

De Loecker, J. (2007).Do Exports Generate Higher Productivity? Evidence from Slovenia. *Journal of International Economics*, 73, pp.69-98.

De Loecker, J., & Warzynski, F. (2012).Markups and Firm-Level Export Status.*American Economic Review*, 102(6), pp.2437-2471.

Du, J., Lu, Y., Tao, Z., & Yu, L. (2012). Do domestic and foreign exporters differ in learning by exporting? Evidence from China. *China Economic Review*, 23(2), pp.296-315.

Du, J., & Wang, Y, (2013). Reforming SOEs under China's State Capitalism. in J. Zhang edited *Unfinished Reforms in the Chinese Economy: World Scientific Publishing Company*.

Duranton,G., & Puga,D.(2004). Micro-foundations of Urban Agglomeration Economies.In Henderson, J.V., &Thisse, J.F.(eds.),*Handbook of Regional and Urban Economics*. North Holland Press.

Eaton,J., Eslava,M., Krugler,M.,& Tybout, J.(2007).Export Dynamics in Colombia: Firm-Level Evidence. NBER Working Paper,No.13531.

Eaton,J., Kortum, S., & Kramarz, F.(2004).Dissecting Trade: Firms, Industries, and Export Destinations, *American Economic Review Papers and Proceedings*,94(2), pp.150-154.

Ellison, G. & Glaeser, E. (1997).Geographic Concentration in U.S. Manufacturing Industries: A Dartboard Approach. *Journal of Political Economy*,105, pp.889-927.

Ellison, G., Edward, L.G. & William, R.K.(2010).What Cause Industry Agglomeration? Evidence from Coagglomeration Patterns? *American Economic Review*,100, pp.1195-1213.

Evenson, R., & Westphal, L. (1995).Technological Change and Technology Strategy. in T.N. Srinivasan and Jere Behrman(Eds.), Handbook of Development Economics(Amsterdam: North-Holland).

Fafchamps, M., Hamine, S., & Zeufack,A. (2008). Learning to Export: Evidence from Moroccan Manufacturing. *Journal of African Economics*, 17(2), pp.305-355.

Fan,C.C., & Scott, A.J. (2003).Industrial Agglomeration and Development: A Survey of Spatial Economic Issues in East Asia and A Statistical Analysis of Chinese Regions. *Economic Geography*,79, pp.295-319.

Feenstra, R., & Kee,H. (2008).Export Variety and County Productivity. *Journal of International Economics*, 74, pp.500-518.

Feenstra, R., Li, Z.Y., & Yu, M.J. (2014).Export and Credit Constraints under Incomplete Information: Theory and Empirical Investigation from China. *Review of Economics and Statistics*,96(4), pp.729-744.

Feyrer, J. (2009b).Distance, Trade and Income—The 1967 to 1975 Closing of the Suez Canal as a Natural Experiment. NBER Working paer, No.15557.

Feyrer, J.(2009a).Trade and Income-Exploiting Time Series in Geography.

NBER Working paer,No.14910.

Fleisher, B., Hu, D., McGuire, W., & Zhang, X.,(2010).The Evolution of An Industrial Cluster in China. *China Economic Review*,21, pp.456-469.

Foster, L., Haltiwanger ,J., & Syverson, C.(2007).Reallocation, Firm Turnover, and Efficiency: Selection on Productivity or Profitability? . Mimeo, University of Chicago.

Frankel, J.A., & Romer,D.H. (1999).Does Trade Cause Growth?.*American Economic Review*, 89(3), pp.379-399.

Fujita M., & Hu, D. (2001).Regional Disparity in China 1985-1994: the Effects of Globalization and Economic Liberation. *The Annals of Regional Science*,35, pp.3-37.

Funke, M., & Ruhwedel,R. (2001).Export Variety and Export Performance: Evidence from East Asia. *Journal of Asia Economics*,12, pp.493-505.

Gill, I., & Kharas, H.(2007). An East Asia renaissance: Ideas for economic growth. Washington, DC: World Bank.

Girma, S., Greenaway, D. ,& Kneller, R. (2004). Does exporting increase productivity? A micro econometric analysis of matched firms. *Review of International Economics*, 12(5), pp.855-866.

Goldberg, P., Khandelwal, A.,Pancnik, N., & Topalova, P.(2009). Trade liberalization and new imported inputs.*American Economic Review*, 99 (2), pp.494-500

Graner, M., & Isaksson, A.(2009).Firm Efficiency and The Destination of Exports: Evidence from Kenyan Plant-level Data, *The Developing Economies*.47(3), pp.279-306.

Greenaway, D., & Kneller, R.(2004).Exporting and Productivity in the United Kingdom. *Oxford Review of Economic Policy*,20, pp.358-371.

Greenaway, D. ,& Kneller, R.(2008). Exporting , productivity 0and agglomeration. *European Economic Review*, 52,pp.919-939.

Greenaway, D., & Kneller,R. (2007).Firm Heterogeneity, Exporting and Foreign

Direct Investment. *Economic Journal*, 117(517), pp.134-161.

Greenaway, D., Guariglia, A., & Kneller, R. (2007).Financial Factors and Exporting Decisions. *Journal of International Economics*,73, pp.377-395.

Greenstone, M., Hornbeck, R., & Moretti, E. (2010).Identifying Agglomeration Spillovers: Evidence from Winners and Losers of Large Plant Openings. *Journal of Political Economy*, 118(3), pp.536-598.

Grossman , G., & Helpman, E.(1991).Innovation and Growth in the Global Economy, Cambridge, MA: MIT Press.

Haddad, M. (2007). Trade integration in East Asia: The role of China and production networks. *World Bank Policy Research Working Paper* No.4160.

Hahn, C.H. & Park, C. G. (2010). Learning-by-Exporting and Plant Characteristics: Evidence from Korean Plant-level Data. *Korea and World Economy*,11(3), pp.459-492.

Halpern,L., & Murakozy, B.(2007).Does Distance Matter in Spillover. *Economics of Transition*, 15(4), pp.781-805.

Hausmann, R., Hwang,J., & Rodrik,D. (2007).What You Export Matters. *Journal of Economic Growth*,12(1), pp.1-25.

Head, K., Mayer T., & Ries, J.(2002). On the Pervasiveness of Home Market Effects. Econometrica, 69,pp.371-390.

Henderson, V.,Shalizi,Z.,& Venables, A.J. (2001).Scale Externalities in Korea. *Journal of Urban Economics* ,49(3), pp.1-28.

Henderson, V.,Kuncoro, A., & Turner, M.(1995).Industrial Development in Cities. *Journal of Political Economy*,103(5), pp. 1067-1090.

Henderson,V.(1986). Efficiency of Resource Usage and City Size. *Journal of Urban Economics* , 19(1), pp.47-70.

Henderson,V.(2003).Marshall's Scale Economies. *Journal of Urban Economics*, 53, pp.1-28.

Holmes, T. (1999).Localization of Industry and Vertical Disintegration.

Review of Economics and Statistics, 81, pp.314-325.

Huang, Zuhui, Zhang, Xiaobo, & Zhu, Yunwei (2008). The Role of Clustering in Rural Industrialization: A Case study of Wenzhou's Footwear Industry. *China Economic Review*, 19, pp.409-420.

Huettner, F., & Sunder, M.(2012).Axiomatic Arguments for Decomposing Goodness of Fit According to Shapley and Owen Values. *Electronic Journal of Statistics*,6, pp.1239-1250.

Iacovone, L.,& Javorcik, B.S. (2010).Muti-Product Exporters: Product Churning, Uncertainty And Export Discoveries.*The Economic Journal*, 120(544), pp.481-499.

Ito, B., Yashiro, N., Xu, Z.Y., Chen, X.H., & Wakasugi, R.H. (2012).How Do Chinese Industries Benefit from FDI Spillovers? *China Economic Review*, 23, pp.342-356.

Ito,B. Xu,Z.Y., & Yashiro, N.(2015). Does agglomeration promote internationalization of Chinese firms. *China Economic Review*, 34, pp.109-121.

Jacobs, J. (1969).The Economy of Cities. Random House, New York.

Jaffe, A.B., Trajtenberg M., & Henderson, R. (1993).Geographic Localization of Knowledge Spillovers as Evidenced by Patent Citations. *The Quarterly Journal of Economics* ,108(3), pp.577-598.

Javorcik, B.S.(2004).Does Foreign Direct Investment Increase the Productivity of Domestic Firms? In Search of Spillovers through Backward Linkages. *American Economic Review*,94(3), pp.605-627.

Jefferson, G., Rawski, T.G., Wang, L., & Zheng, Y. (2000). Ownership, Productivity Change, and Financial Performance in Chinese Industries. *Journal of Comparative Economic*,28, pp.786-813.

Jefferson, G.,Albert, G.Z.,Guan, X.J. & Yu, X.Y. (2003).Ownership, Performance, and Innovation in China's Large-and-Medium-sized Industries Enterprise Sector. *China Economic Review*,14, pp.89-113.

Kang,K., & Kim, J.H.(2010).Exploring the Spectrum of Export Destination: The Geographic Spread of Korean Exports, Its Determinants, and Policy Implications, *Developing Economies*. 48(4), pp.421-449.

Ke, S. (2010).Agglomeration, Productivity, and Spatial Spillover Across Chinese Cities. *The Annals of Regional Science*, 45(1), pp.157-179.

Kim, S.(1995).Expansion of Markets and the Geographic Distribution of Economic Activities: The Tends in U.S. Regional Manufacturing Structure. *Quarterly Journal of Economics*, 110(4):881-908.

Kim,T.J, & Knaap, G.(2001). The Spatial Dispersion of Economic Activities and Development Trends in China, *The Annals of Regional Science*,35, pp.19-37.

Klein, R., & Vella,F. (2010).Estimating A Class of Triangular Simultaneous Equations Models Without Exclusion Restrictions. *Journal of Econometrics*, 154, pp.154-164.

Knarvik, K. H., & Steen, F. (2002).Vertical Industry Linkages: Sources of Productivity Gains and Cumulative Causation? *Review of Industrial Organization*,21, pp.3-20.

Kneller, R., & Pisu, M.(2007). Industrial linkages and export spillovers from FDI. *The World Economy*, 30(1), pp.105-134.

Koenig, P.,Mayeris, F., & Poncet,S.(2010) . Local export spillovers in France. *European Economic Review*, 54, pp.622-624.

Koening, P.(2009).Agglomeration and the Export Decisions of French Firms. *Journal of Urban Economics*, 66, pp.186-195.

Koopman, R., Wang, Z., & Wei, S. J. (2012).Estimating Domestic Content in Exports When Processing Trade is Pervasive. *Journal of Development Economics*,99, pp.178-189.

Krautheim, S.(2008). Gravity and information: Heterogeneous firms. exporters networks and the 'distance puzzle'. EUI Mimeo.

Krugman, P., & Venables, A.J. (1995).Globalization and the Inequality of

Nations. *Quarterly Journal of Economies*,110(4), pp.857-880.

Lall, S., Shalizi, Z., & Deichmann, U. (2004). Agglomeration Economics and Productivity in Indian Industry. *Journal of Development Economics*, 73(2), pp.643-673.

Lawless,M.(2009). Firm Export Dynamics and the Geography of Trade. *Journal of International Economics*, 77(2), pp.245-254.

Lee,B.S.,Jang,S.,& Hong,S.Y.(2010).Marshall's Scale Economies and Jacobs' Externality in Korea: The Role of Age, Size and the Legal Form of Organization of Establishments. *Urban Studies*, 47, pp.3131-3156.

Levinshohn, J., & Petrin, A. (2003).Estimating production functions using inputs to control for unobservables.*Review of Economic Studies*, 70(2), pp. 317-341.

Lewbel, A., (2012).Using Heteroscedasticity to Identify and Estimate Mismeasured and Endogenous Regressor Models. *Journal of Business and Economic Statistics*, 30(1), pp.67-80.

Li, D.Y., Lu, Y., & Wu, M.Q. (2012).Industrial Agglomeration and firm size: Evidence from China. *Regional Science and Urban Economics*, 42, pp.135-143.

Li, K., Hu, Y., & Chi, J. (2007).Major Sources of Production Improvement and Innovation Growth in Chinese Enterprises. *Pacific Economic Review*, 12, pp.683-710.

Li.X., Liu ,X.W., & Wang,Y.(2013). A Model of China's State Capitalism. SED Working Paper,No.853.

Lim, J.J., & Saborowski, C. (2012).Export Diversification in A Transitioning Economy: The Case of Syria.*Economics of Transition*, 20(2), pp. 339-367.

Lin, F.Q., & Sim, N.C. (2013).Trade, Income and the Baltic Dry Index. *European Economic Review*, 59, pp.1-18.

Lin, H.L., Li, H.Y., & Yang, C.H. (2011).Agglomeration and Productivity: Firm-level evidence from China's Textile Industry. *China Economic*

Review, 22, pp.313-329.

Linden, G., Kraemer, K., & Dedrick, J.(2009).Who captures value in a global innovation system? The case of Apple's ipod. *Communications of the ACM*, 52(3),pp.140-144.

Long C., & Zhang, X.B.(2011). Cluster-Based Industrialization in China: Financing and Performance. *Journal of International Economics*, 84(1), pp.112-123.

Long, C., & Zhang, X.B. (2012).Patterns of China's Industrialization: Concentration, Specialization, and Clustering. *China Economic Review*, 23, pp.593-612.

Lu, J.Y., & Tao, Z.G. (2006).Industrial Agglomeration and Co-agglomeration in China's Manufacturing Industry: with International Comparison. *Economic Research Journal*, 3, pp.103-114.

Manova, K., & Zhang, Z.(2012).Export Prices across Firms and Destinations. *Quarterly Journal of Economics*, 127(1), pp.379-436.

Manova, K.(2013).Credit Constraints, Heterogeneous Firms, and International Trade. *The Review of Economic Studies*, 80, pp.711-744.

Marshall, A. (1890). Principles of Economics. London: Macmillan.

Melitz, M., & Ottaviano, G.I.P.(2008). Market size, trade and productivity. *The Review of Economic Studies*, 75(1), pp.295-316.

Mendoza, R.U. (2010).Trade-Induced Learning and Industrial Catch-Up. *Economic Journal*, 120, pp.313-350.

Metliz, M.(2003).The Impact of Trade on Intra-industry Reallocations and Aggregate Industry Productivity. *Econometrica*, 71, pp. 1695-1725.

Milner, C.,& Tandrayen, V.(2007).The Impact of Exporting and Export Destination on Manufacturing Wages: Evidence for Sub-Saharan Africa. *Review of Development Economics*, 11(1), pp. 13-30.

Olley, G.S., & Pakes, A. (1996).The Dynamics of Productivity in the Telecommunications Equipment Industry. *Econometrica*, 64(6), pp.1263-1297.

Oster, E., 2012. Routes of Infections: Exports and HIV Incidence in Sub-Saharan Africa. *Journal of the European Economic Association*, 10 (5), pp.1-18.

Ottaviano, G. (2011). New New Economic Geography: Firm Heterogeneity and Agglomeration Economies. *Journal of Economic Geography*, 11, pp.231-240.

Ottaviano, G., Tabuchi, T. & Thisse, J.F. (2002). Agglomeration and Trade Revisited. *International Economic Review*, 42, pp.409-436.

Panzar, J.E., & Willig, R. (1981). Economies of Scope. *American Economic Review Papers and Proceedings*, 71, pp.268-272.

Park, A., Yang, D., Shi, X.Z., & Jiang, Y. (2010). Exporting and Firm Performance: Chinese Exporters and The Asian Financial Crisis. *The Review of Economics and Statistics*, 92(4), pp.822-842.

Pilat, D., Yamano, N., & Yashiro, N. (2012). Moving Up the Value Chain: China's Experience and Future Prospects. in OECD edited: China in Focus-Lessons and Challenges, OECD, Paris, May.

Porter, M.(1980). Competitive Strategy, New York: Free Press.

Qiu. L.D., & Zhou, W. (2013). Multiproduct Firms and Scope Adjustment in Globalization. *Journal of International Economics*, 91(1), pp.142-153.

Rauch, J.E., & Watson, J.(2003). Starting small in an unfamiliar environment. *International Journal of Industrial Organization*, 21(7), pp.1021-1042.

Rigobon, R.,(2003). Identification Through Heteroskedasticity. *The Review of Economics and Statistics*, 85(4), pp.777-792.

Robinson, P. (1988). Root-n Consistent Semiparametric Regression. *Econometrica*, 55(4), pp.931-954.

Rodriguez, F., & Rodrik, D.(2000). Trade Policy and Economic Growth: A Skeptic's Quide to the Cross-national Evidence. *NBER Macroeconomics Annual*, 15, pp.261-325.

Rosenthal, S., & Strange, W. (2001). The Determinants of Agglomeration.

Journal of Urban Economics ,50, pp.191-229.

Rosenthal, S., & Strange, W. (2004).Evidence on the Nature and Source of Agglomeration Economies). in: Henderson, V. and J. F. Thisse(eds), Handbook of Urban and Regional Economies, Amsterdam: Elsevier-North Holland.

Saxenian, A. (1994).Regional advantage: Culture and Competition in Silicon Valley and Route 128. Cambridge, MA, and London: Harvard University Press.

Schmeiser, K.(2012). Learning to Export: Export Growth and the Destination Decision of Firms. *Journal of International Economics*, 87(1), pp.89-97.

Sonobe, T., Hu, D., & Otsuka, Keijiro (2004). From Inferior to Superior Products: An Inquiry into the Wenzhou Model of Industrial Development in China. *Journal of Comparative Economics*, 32, pp. 542－563.

Staiger, D., & Stock, J. (1997).Instrumental variables regression with weak instruments. *Econometrica*,65(3), pp.557-586.

Stiebale,J. (2011).Do Financial Constraints Matter for Foreign Market Entry? A Firm-level Examination. *The World Economy*,34(1), pp.123-153.

Svetlana,B.(2011), Flip Side of the Pollution Haven: Do Export Destinations Matter? UCD Working Paper,No.11/01.

Topalova, P., & Khandelwal , A. (2011).Trade liberalization and firm productivity: The case of India. *Review of Economics and Statistics*, 93 (3), pp.995-1009.

Upward R., Wang, Z.,& Zheng, J.H.(2013).Weighing China's Export Basket: The Domestic Content and Technology Intensity of Chinese Export. *Journal of Comparative Economics*, 41, pp.527-543.

Verhoogen,E.(2008) .Trade, quality upgrading and wage inequality in the Mexican manufacturing sector. *Quarterly Journal of Economics*, 123(2), pp.489-530.

Wagner,J.,(2002).The Causal Effect of Exports on Firm Size and Labor

Productivity: Firm Evidence from A Matching Approach. *Economic Letters*, 77, pp.287-292.

Wagner, J.(2007).Exports and Productivity: A Survey of the Evidence from Firm Level Data. *The World Economy*, 30(1), pp.60-82.

Weber A.(1929).Theory of the Location of Industries. Chicago: Chicago University Press,1929.

Wu, Y.B.(2006) .R&D and Productivity. *Economic Research Journal*, 11, pp.60-71.

Yang, C.H., Lin, H.L.,& Li, H.Y. (2013).Influences of Production and R&D Agglomeration on Productivity: Evidence from Chinese Electronics Firms. *China Economic Review*, 27, pp.162-178.

Yasar, M., & Rejesus, R.M. (2005).Exporting Status and Firm Performance: Evidence from A Matched Sample. *Economic Ltters*,13, pp.347-402.

Yu, M.J.(2014).Processing Trade, Tariff Reductions and Firm Productivity: Evidence from Chinese Firms. *Economic Journal*, Doi: 10.1111/ecoj.12127.